AF329913

GUIDE

DE

L'INVENTEUR.

PARIS. — IMPRIMERIE DE POMMERET ET MOREAU,
quai des Augustins, 17.

GUIDE

DE

L'INVENTEUR

OU

COMMENTAIRE

DE LA LOI DU 5 JUILLET 1844

SUR LES BREVETS D'INVENTION.

PAR TH. HOMBERG,

Président du Tribunal civil de Bernay.

DEUXIÈME ÉDITION,

Revue, corrigée et augmentée des instructions ministérielles
relatives à l'exécution de la loi.

PARIS.

LIBRAIRIE D'ALPHONSE DELHOMME,

Éditeur du *Recueil des Arrêts du Conseil-d'État*,

3, RUE DU PONT-DE-LODI.

1854

GUIDE

DE

L'INVENTEUR.

ROUEN. IMPRIMERIE DE D. BRIÈRE,

RUE SAINT-LO, N° 7.

GUIDE

DE

L'INVENTEUR

OU

COMMENTAIRE DE LA LOI DU 5 JUILLET 1844

SUR LES

BREVETS D'INVENTION

SUIVI

D'UN EXPOSÉ SOMMAIRE DE LA LÉGISLATION ANGLAISE
SUR LA MATIÉRE,

PAR TH. HOMBERG,

AVOCAT À LA COUR ROYALE DE ROUEN.

PARIS.

CHEZ ALPHONSE DELHOMME, LIBRAIRE,

RUE DU PONT-DE-LODI, N° 3.

1844.

PRÉFACE.

La nouvelle loi sur les brevets d'invention,
en admettant le système autrichien du paiement de la taxe par annuités, a voulu popu-
lariser les brevets et les rendre accessibles à
tous les industriels.

Il nous a paru à propos, d'après cela, de
faire un livre qui pût aussi être populaire et
fût à la portée de tous.

Après nous être bien pénétré des principes
de la matière, et avoir puisé dans la discussion
de la loi aux deux Chambres tous les éclair-
cissements qui pouvaient servir à son intelligence, nous nous sommes efforcé de mettre

dans nos explications assez de clarté et de con-
cision pour que tous ceux dont elle est desti-
tinée à régler le sort puissent, à peu de frais
et en peu de temps, se mettre à même de la
bien connaître et d'en faire l'application à
leurs droits.

Si, par cet opuscule, nous pouvons être de
quelqu'utilité à la classe de la société qui a le
plus nos sympathies, celle des travailleurs,
notre but sera atteint, et nos efforts auront
leur récompense.

INTRODUCTION.

Les brevets d'invention sont d'institution moderne. Rien de semblable n'existait en France avant 1791.

Il est vrai que les inventeurs pouvaient quelquefois obtenir des priviléges exclusifs pour l'exploitation de leur découverte ; mais la loi ne leur reconnaissait point de droits acquis à ces priviléges, et la faveur du prince les accordait plus souvent à la médiocrité protégée qu'au véritable mérite.

On sait, d'ailleurs, de quelle nature étaient alors les priviléges accordés à l'industrie et ce qu'ils lui coûtaient.

Comme ces priviléges rapportaient à l'Etat, l'Etat en était prodigue. Chaque corps d'arts et métiers avait les siens, en vertu desquels il poursuivait à outrance ceux qui, hors de son sein, voulaient se livrer aux travaux dont le monopole lui avait été concédé.

Des réglements minutieux déterminaient les droits

de chaque corporation, et traçaient, pour elle, des règles de travail auxquelles étaient tenus de se confor-
mer ceux qui voulaient en faire partie, comme com-
pagnons ou comme maîtres.

On conçoit aisément combien un pareil régime
était hostile à l'esprit d'invention, et combien l'empire de la routine y devait être absolu.

Mais ce n'était pas tout. Chaque genre d'industrie
était limité, aussi bien quant à l'étendue que
quant au mode de son exploitation. Ce que pouvaient faire les gens d'une profession, les gens
d'une autre ne le pouvaient pas. Le serrurier, par
exemple, ne pouvait fabriquer lui-même les clous
dont il avait besoin, le privilége de ce travail appartenant à une autre corporation ; les bouquinistes ne
pouvaient vendre des livres neufs, et les tailleurs
ont plaidé pendant plus de deux siècles contre les
fripiers, pour faire établir la ligne de démarcation
qui sépare un habit tout fait d'un vieil habit. Ainsi,
en voulant protéger toutes les industries, les priviléges devenaient pour toutes singulièrement op-
pressifs.

Or, à travers tous ces droits si compliqués, si
exclusifs et si jaloux, comment l'inventeur pouvait-
il se frayer une route ?

Par cela seul qu'il s'écartait des procédés pres-
crits, les maîtrises et jurandes le rejetaient de leur
sein. Voulait-il alors travailler seul, il ne le pouvait
qu'à la condition de ne rien faire de ce qui se fabri-
quait dans ces corporations.

Ainsi, Lenoir, qui a porté à un si haut degré de

perfection la fabrication des instruments de physique
et de mathématique, ayant construit un petit four-
neau dont il avait besoin pour préparer les métaux,
tout aussitôt les syndics de la corporation des fon-
deurs vinrent eux-mêmes le démolir.

Les inconvénients de cet état de choses avaient
été souvent signalés en France.

Le Tiers-Etat s'en était plaint, dans ses cahiers,
aux derniers Etats-Généraux tenus à Paris, en 1614,
et avait demandé avec instance la suppression des
maîtrises et la liberté du travail. Le grand Colbert,
dans son testament politique [1], avait exprimé les
mêmes vœux et dénoncé les mêmes abus. Enfin, le
ministre de Louis XVI, Turgot, fit rendre, en 1776,
un édit pour la suppression des jurandes de Paris,
dont le préambule contient à-la-fois l'histoire la
plus curieuse et la critique la mieux raisonnée du
système des corporations et des réglements [2]. Mais
les droits perçus sur la délivrance des lettres de
maîtrise offraient aux finances de l'Etat de trop pré-
cieuses ressources pour qu'elles en fissent aisément
le sacrifice.

Jadis les grands officiers de la couronne, tels que
le Grand-Pannetier, le Grand-Bouteiller, le Grand-
Maréchal de l'écurie du Roi, dont les fiefs person-
nels et à vie n'avaient ni domaine, ni territoire,
avaient trouvé commode d'exercer leur juridiction
et de percevoir des taxes, l'un sur les boulangers,

[1] Ch. 15.

[2] Ce préambule est rapporté par M. Merlin. Voir *Corps d'arts
et métiers*.

l'autre sur les marchands de vin et cabaretiers, l'autre sur les maréchaux-ferrants. Plus tard, ces mêmes taxes, perçues directement par l'État, étaient venues au secours de toutes les pénuries du royaume. Les entrées, mariages, naissances, régences de rois et de princes avaient donné lieu à de nombreuses émissions de lettres de maîtrises qui, comme on le conçoit, n'avaient pas toujours été accordées aux plus capables, mais qui avaient rempli les coffres de l'État. Aussi, les doléances du Tiers-État ne furent point écoutées. Peu d'années après la mort de Colbert, plus de quarante mille nouveaux offices avaient été créés et vendus au profit de l'État. Enfin, l'édit de 1776 lui-même ne put recevoir une complète exécution.

Les choses en étaient là quand vint la grande secousse de 1789, qui, faisant partout table rase et abolissant, sans examen et sans distinction, tout ce qui portait le nom de priviléges, proscrivit ceux accordés à l'industrie au même titre que tous les autres.

Mais, dans ce nouveau système de liberté absolue, les droits des inventeurs n'étaient pas réservés, et leur situation devint plus déplorable encore qu'elle ne l'avait été sous le régime restrictif des corporations. Bientôt de vives plaintes se firent entendre, et on sentit le besoin d'une législation qui conciliât avec la liberté du travail, désormais acquise à la France, la juste rémunération due à l'inventeur qui dote son pays d'une industrie nouvelle.

Déjà, depuis long-temps, dans la législation anglaise, ce problème avait été heureusement résolu.

Garantir à tout inventeur la jouissance de sa découverte pendant un certain nombre d'années, mais en exiger une description fidèle et exacte qui permette à la société d'en jouir pleinement à l'expiration du privilége; lui délivrer sa patente sans examen ni de l'objet de sa découverte, ni des moyens qu'il compte employer; mais, en même temps, autoriser les Tribunaux à prononcer la nullité ou la déchéance du monopole, si l'invention n'est pas nouvelle ou si l'exploitation en est dangereuse, telle est la base de cette législation, qui a servi de type à la législation américaine et à celle de plusieurs autres états de l'Europe.

Tel fut aussi le point de départ de l'Assemblée Constituante, dans les lois des 7 janvier et 25 mai 1791, qui ont jeté chez nous les premiers fondements de la législation sur la matière, et qui l'ont régie jusqu'à ce jour. Seulement, l'Assemblée Constituante a fait un droit absolu pour l'inventeur de ce qui, maintenant encore, n'est considéré, en Angleterre, que comme une grâce émanant du pouvoir royal [1].

Ce système est encore celui de la loi nouvelle, qui reproduit avec de légères modifications le plus grand nombre des dispositions des lois de 1791.

---

[1] Voir l'excellent rapport fait par M. le marquis de Barthélemy à la Chambre des Pairs, au nom de la Commission chargée de l'examen du projet de la nouvelle loi. Voir aussi les trois premiers chapitres du *Traité des Brevets d'Invention* de M. Renouard.

Nous n'entrerons pas ici dans le détail de ces dispositions, parce que leur examen trouvera sa place dans le commentaire qui va suivre.

Disons seulement, en finissant, que, depuis plus d'un demi-siècle que le système des brevets d'invention, combiné avec celui de la liberté du travail, règne dans notre patrie, il y a porté les plus heureux fruits, ainsi que peuvent nous en convaincre ces brillantes expositions qui viennent, tous les cinq ans, étaler aux yeux jaloux des étrangers les merveilles de notre industrie nationale.

Que sera-ce donc quand les heureuses réformes de la loi actuelle auront apporté à l'esprit si naturellement inventif des Français de nouveaux encouragements, et aplani pour tous les industriels les difficultés trop réelles qu'ils trouvaient souvent encore à placer sous l'égide de la loi les créations de leur génie ?

GUIDE

DE

L'INVENTEUR

⦿⦿⦿⦿⦿⦿⦿⦿⦿⦿⦿⦿⦿⦿⦿⦿⦿⦿⦿⦿⦿⦿⦿⦿⦿⦿⦿⦿⦿

TEXTE

DE LA

LOI DU 5 JUILLET 1844.

Louis-Philippe, roi des Français,

A tous présents et à venir, salut.

Nous avons proposé, les Chambres ont adopté, nous avons ordonné et ordonnons ce qui suit:

TITRE Ier.

DISPOSITIONS GÉNÉRALES.

Art. 1er. Toute nouvelle découverte ou invention dans tous les genres d'industrie confère à son auteur, sous les conditions et pour le temps ci-après déterminés, le droit exclusif d'exploiter à son profit ladite découverte ou invention.

Ce droit est constaté par des titres délivrés par le Gouvernement, sous le nom de brevets d'invention.

Art. 2. Seront considérées comme inventions ou découvertes nouvelles :

L'invention de nouveaux produits industriels ;

L'invention de nouveaux moyens ou l'application nouvelle de moyens connus, pour l'obtention d'un résultat ou d'un produit industriel.

Art. 3. Ne sont pas susceptibles d'être brevetés :

1° Les compositions pharmaceutiques ou remèdes de toute espèce, lesdits objets demeurant soumis aux lois et réglements spéciaux sur la matière, et notamment au décret du 18 août 1810, relatif aux remèdes secrets ;

2° Les plans et combinaisons de crédit ou de finances.

Art. 4. La durée des brevets sera de cinq, dix ou quinze années.

Chaque brevet donnera lieu au paiement d'une taxe qui est fixée ainsi qu'il suit, savoir :

500 fr. pour un brevet de cinq ans ;

1,000 fr. pour un brevet de dix ans ;

1,500 fr. pour un brevet de quinze ans.

Cette taxe sera payée par annuités de 100 fr., sous peine de déchéance, si le breveté laisse écouler un terme sans l'acquitter.

TITRE II.

DES FORMALITÉS RELATIVES A LA DÉLIVRANCE DES BREVETS.

SECTION Ire.

Des Demandes de Brevets.

Art. 5. Quiconque voudra prendre un brevet d'invention devra déposer, sous cachet, au secrétariat de la préfecture, dans le département où il est domicilié, ou tout autre département, en y élisant domicile :

1° Sa demande au ministre de l'agriculture et du commerce ;

2° Une description de la découverte, invention ou application faisant l'objet du brevet demandé ;

3° Les dessins ou échantillons qui seraient nécessaires pour l'intelligence de la description,

Et 4° un bordereau des pièces déposées.

Art. 6. La demande sera limitée à un seul objet principal, avec les objets de détail qui le constituent et les applications qui auront été indiquées.

Elles mentionnera la durée que les demandeurs entendent assigner à leur brevet dans les limites fixées par l'article 4, et ne contiendra ni restrictions, ni conditions, ni réserves.

Elle indiquera un titre renfermant la désignation sommaire et précise de l'objet de l'invention.

La description ne pourra être écrite en langue étrangère. Elle devra être sans altération ni surcharges. Les mots rayés comme nuls seront comptés et constatés, les pages et les renvois paraphés. Elle ne devra contenir aucune dénomination de poids ou de mesures autres que celles qui sont portées au tableau annexé à la loi du 4 juillet 1837.

Les dessins seront tracés à l'encre et d'après une échelle métrique.

Un duplicata de la description et des dessins sera joint à la demande.

Toutes les pièces seront signées par le demandeur, ou par un mandataire dont le pouvoir restera annexé à la demande.

Art. 7. Aucun dépôt ne sera reçu que sur la production d'un récépissé constatant le versement d'une somme de 100 fr. à valoir sur le montant de la taxe du brevet.

Un procès-verbal, dressé sans frais par le secrétaire-général de la préfecture, sur un registre à ce destiné, et signé par le demandeur, constatera chaque dépôt, en énonçant le jour et l'heure de la remise des pièces.

Une expédition dudit procès-verbal sera remise au déposant, moyennant le remboursement des frais de timbre.

Art. 8. La durée du brevet courra du jour du dépôt prescrit par l'article 5.

SECTION II.

De la Délivrance des Brevets.

Art. 9. Aussitôt après l'enregistrement des demandes, et dans les cinq jours de la date du dépôt, les préfets transmettront les pièces, sous le cachet de l'inventeur, au ministre de l'agriculture et du commerce, en y joignant une copie certifiée du procès-verbal de dépôt, le récépissé constatant le versement de la taxe, et, s'il y a lieu, le pouvoir mentionné dans l'article 6.

Art. 10. A l'arrivée des pièces au ministère de l'agriculture et du commerce, il sera procédé à l'ouverture, à l'enregistrement des demandes, et à l'expédition des brevets dans l'ordre de la réception desdites demandes.

Art. 11. Les brevets, dont la demande aura été régulièrement formée, seront délivrés, sans examen préalable, aux risques et périls des demandeurs, et sans garantie, soit de la réalité, de la nouveauté ou du mérite de l'invention, soit de la fidélité ou de l'exactitude de la description.

Un arrêté du ministre, constatant la régularité de cette demande, sera délivré au demandeur, et constituera le brevet d'invention.

A cet arrêté sera joint le duplicata certifié de la description et des dessins mentionnés dans l'article 6, après que la conformité avec l'expédition originale en aura été reconnue et établie au besoin.

La première expédition des brevets sera délivrée sans frais.

Toute expédition ultérieure, demandée par le breveté ou ses ayant-cause, donnera lieu au paiement d'une taxe de 25 fr.

Les frais de dessin, s'il y a lieu, demeureront à la charge de l'impétrant.

Art. 12. Toute demande dans laquelle n'auraient pas été observées les formalités prescrites par les numéros 2° et 3° de l'article 5, et par l'article 6, sera rejetée. La moitié de la somme versée restera acquise au trésor; mais il sera tenu compte de la totalité de cette somme au demandeur, s'il reproduit sa demande dans un délai de trois mois, à compter de la date de la notification du rejet de sa requête.

Art. 13. Lorsque, par application de l'article 3, il n'y aura pas à délivrer un brevet, la taxe sera restituée.

Art. 14. Une ordonnance royale, insérée au *Bulletin des Lois*, proclamera, tous les trois mois, les brevets délivrés.

Art. 15. La durée des brevets ne pourra être prolongée que par une loi.

SECTION III.

Des Certificats d'addition.

Art. 16. Le breveté ou les ayant-droit au brevet auront, pendant toute la durée du brevet, le droit d'apporter à l'invention des changements, perfectionnements ou additions, en remplissant, pour le dépôt de la demande, les formalités déterminées par les articles 5, 6 et 7.

Ces changements, perfectionnements ou additions, seront constatés par des certificats délivrés dans la même forme que le brevet principal, et qui produiront, à partir des dates respectives des demandes et de leur expédition, les mêmes effets que ledit brevet principal, avec lequel ils prendront fin.

Chaque demande de certificat d'addition donnera lieu au paiement d'une taxe de 20 fr.

Les certificats d'addition pris par un des ayant-droit profiteront à tous les autres.

Art. 17. Tout breveté qui, pour un changement, perfectionnement ou addition, voudra prendre un brevet principal de cinq, dix ou quinze années, au lieu d'un certificat d'addition expirant avec le brevet primitif, devra remplir les formalités prescrites par les articles 5, 6 et 7, et acquitter la taxe mentionnée dans l'article 4.

Art. 18. Nul autre que le breveté ou ses ayant-droit, agissant comme il est dit ci-dessus, ne pourra, pendant une année, prendre valablement un brevet pour un changement, perfectionnement ou addition à l'invention qui fait l'objet du brevet primitif.

Néanmoins, toute personne qui voudra prendre un brevet pour changement, addition ou perfectionnement à une découverte déjà brevetée, pourra, dans le cours de ladite année, former une demande qui sera transmise et restera déposée sous cachet au ministère de l'agriculture et du commerce.

L'année expirée, le cachet sera brisé et le brevet délivré.

Toutefois, le breveté principal aura la préférence pour les changements, perfectionnements et additions pour lesquels il aurait lui-même, pendant l'année, demandé un certificat d'addition ou un brevet.

Art. 19. Quiconque aura pris un brevet pour une découverte, invention ou application se rattachant à l'objet d'un autre brevet, n'aura aucun droit d'exploiter l'invention déjà brevetée, et, réciproquement, le titulaire du brevet primitif ne pourra exploiter l'invention objet du nouveau brevet.

SECTION IV.

De la Transmission et de la Cession des Brevets.

Art. 20. Tout breveté pourra céder la totalité ou partie de la propriété de son brevet.

La cession partielle ou totale d'un brevet, soit à titre gratuit, soit à titre onéreux, ne pourra être faite que par acte notarié, et après le paiement de la totalité de la taxe déterminée par l'article 4.

Aucune cession ne sera valable, à l'égard des tiers, qu'après avoir été enregistrée au secrétariat de la préfecture du département dans lequel l'acte aura été passé.

L'enregistrement des cessions et de tous autres actes emportant mutation sera fait sur la production et le dépôt d'un extrait authentique de l'acte de cession ou de mutation.

Une expédition de chaque procès-verbal d'enregistrement, accompagnée de l'extrait de l'acte ci-dessus mentionné, sera transmise, par les préfets, au ministre de l'agriculture et du commerce, dans les cinq jours de la date du procès-verbal.

Art. 21. Il sera tenu, au ministère de l'agriculture et du commerce, un registre sur lequel seront inscrites les mutations intervenues sur chaque brevet, et, tous les trois mois, une ordonnance royale proclamera, dans la forme déterminée par l'article 14, les mutations enregistrées pendant le trimestre expiré.

Art. 22. Les cessionnaires d'un brevet, et ceux qui auront acquis d'un breveté ou de ses ayant-droit la faculté d'exploiter la découverte ou l'invention, profiteront, de plein droit, des certificats d'addition qui seront ultérieurement délivrés au breveté ou à ses ayant-droit. Réciproquement, le breveté ou ses ayant-droit profiteront des certificats d'addition qui seront ultérieurement délivrés aux cessionnaires.

Tous ceux qui auront droit de profiter des certificats d'addition pourront en lever une expédition au ministère de l'agriculture et du commerce, moyennant un droit de 20 fr.

SECTION V.

De la Communication et de la Publication des Descriptions et Dessins de Brevets.

Art. 23. Les descriptions, dessins, échantillons et modèles des brevets délivrés, resteront, jusqu'à l'expiration des brevets, déposés au ministère de l'agriculture et du commerce, où ils seront communiqués sans frais, à toute réquisition.

Toute personne pourra obtenir, à ses frais, copie desdites descriptions et dessins, suivant les formes qui seront déterminées dans le règlement rendu en exécution de l'article 50.

Art. 24. Après le paiement de la deuxième annuité, les descriptions et dessins seront publiés, soit textuellement, soit par extraits.

Il sera en outre publié, au commencement de chaque année, un catalogue contenant les titres des brevets délivrés dans le courant de l'année précédente.

Art. 25. Le recueil des descriptions et dessins et le catalogue, publiés en exécution de l'article précédent, seront déposés au ministère de l'agriculture et du commerce, et au secrétariat de la préfecture de chaque département, où ils pourront être consultés sans frais.

Art. 26. A l'expiration des brevets, les originaux des descriptions et dessins seront déposés au Conservatoire royal des Arts-et-Métiers.

TITRE III.

DES DROITS DES ÉTRANGERS.

Art. 27. Les étrangers pourront obtenir en France des brevets d'invention.

Art. 28. Les formalités et conditions déterminées par la présente loi seront applicables aux brevets demandés ou délivrés en exécution de l'article précédent.

Art. 29. L'auteur d'une invention ou découverte déjà brevetée à l'étranger pourra obtenir un brevet en France. Mais la durée de ce brevet ne pourra excéder celle des brevets antérieurement pris à l'étranger.

TITRE IV.

DES NULLITÉS ET DÉCHÉANCES, ET DES ACTIONS Y RELATIVES.

SECTION Ire.

Des Nullités et Déchéances.

Art. 30. Seront nuls et de nul effet, les brevets délivrés dans les cas suivants, savoir :

1° Si la découverte, invention ou application n'est pas nouvelle;

2° Si la découverte, invention ou application n'est pas, aux termes de l'article 3, susceptible d'être brevetée;

3° Si les brevets portent sur des principes, méthodes, systèmes, découvertes et conceptions théoriques ou purement scientifiques, dont on n'a pas indiqué les applications industrielles ;

4° Si la découverte, invention ou application est reconnue contraire à l'ordre ou à la sûreté publique, aux bonnes mœurs ou aux lois du royaume, sans préjudice, dans ce cas et dans celui du paragraphe précédent, des peines qui pourraient être encourues pour la fabrication ou le débit d'objets prohibés ;

5° Si le titre sous lequel le brevet a été demandé indique frauduleusement un objet autre que le véritable objet de l'invention ;

6° Si la description jointe au brevet n'est pas suffisante pour l'exécution de l'invention, ou si elle n'indique pas, d'une manière complète et loyale, les véritables moyens de l'inventeur ;

7° Si le brevet a été obtenu contrairement aux dispositions de l'article 18.

Seront également nuls et de nul effet, les certificats comprenant des changements, perfectionnements ou additions qui ne se rattacheraient pas au brevet principal.

Art. 31. Ne sera pas réputée nouvelle toute découverte, invention ou application qui, en France ou à l'étranger, et antérieurement à la date du dépôt de la demande, aura reçu une publicité suffisante pour pouvoir être exécutée.

Art. 32. Sera déchu de tous ses droits :

1° Le breveté qui n'aura pas acquitté son annuité avant le commencement de chacune des années de la durée de son brevet ;

2° Le breveté qui n'aura pas mis en exploitation sa découverte ou invention en France dans le délai de deux ans, à dater du jour de la signature du brevet, ou qui aura cessé de l'exploiter pendant deux années consécutives, à moins que, dans l'un ou l'autre cas, il ne justifie des causes de son inaction ;

3° Le breveté qui aura introduit en France des objets fabriqués en pays étranger et semblables à ceux qui sont garantis par son brevet.

Sont exceptés des dispositions du précédent paragraphe, les modèles de machines dont le ministre de l'agriculture et du commerce pourra autoriser l'introduction dans le cas prévu par l'article 29.

Art. 33. Quiconque, dans des enseignes, annonces, prospectus, affiches, marques ou estampilles, prendra la qualité de breveté sans posséder un brevet délivré conformément aux lois, ou après l'expiration d'un brevet antérieur, ou qui, étant breveté, mentionnera sa qualité de breveté ou son brevet sans y ajouter ces mots : *sans garantie du Gouvernement*, sera puni d'une amende de 50 fr. à 1,000 fr.

En cas de récidive , l'amende pourra être portée au double.

SECTION II.

Des Actions en nullité et en déchéance.

Art. 34. L'action en nullité et l'action en déchéance pourront être exercées par toute personne y ayant intérêt.

Ces actions , ainsi que toutes contestations relatives à la propriété des brevets , seront portées devant les Tribunaux Civils de première instance.

Art. 35. Si la demande est dirigée en même temps contre le titulaire du brevet et contre un ou plusieurs cessionnaires partiels , elle sera portée devant le Tribunal du domicile du titulaire du brevet.

Art. 36. L'affaire sera instruite et jugée dans la forme prescrite pour les matières sommaires par les articles 405 et suivants du code de procédure civile. Elle sera communiquée au procureur du roi.

Art. 37. Dans toute instance tendant à faire prononcer la nullité ou la déchéance d'un brevet, le ministère public pourra se rendre partie intervenante, et prendre des réquisitions pour faire prononcer la nullité ou la déchéance absolue du brevet.

Il pourra même se pourvoir directement par action principale pour faire prononcer la nullité, dans les cas prévus aux n°° 2°, 4° et 5° de l'article 30.

Art. 38. Dans les cas prévus par l'article 37, tous les ayant-droit au brevet, dont les titres auront été enregistrés au ministère de l'agriculture et du commerce, conformément à l'article 21, devront être mis en cause.

Art. 39. Lorsque la nullité ou la déchéance absolue d'un brevet aura été prononcée par jugement ou arrêt ayant acquis force de chose jugée, il en sera donné avis au ministre de l'agriculture et du commerce, et la nullité ou la déchéance sera publiée dans la forme déterminée par l'article 14 pour la proclamation des brevets.

TITRE V.

DE LA CONTREFAÇON, DES POURSUITES ET DES PEINES.

Art. 40. Toute atteinte portée aux droits du breveté, soit par la fabrication de produits, soit par l'emploi de moyens faisant l'objet son brevet, constitue le délit de contrefaçon.

Ce délit sera puni d'une amende de 100 2,000 fr.

Art. 41. Ceux qui auront sciemment recélé, vendu ou exposé en vente, ou introduit sur le territoire français un ou plusieurs objets contrefaits, seront punis des mêmes peines que les contrefacteurs.

Art. 42. Les peines établies par la présente loi ne pourront être cumulées.

La peine la plus forte sera seule prononcée pour tous les faits antérieurs au premier acte de poursuite.

Art. 43. Dans le cas de récidive, il sera prononcé, outre l'amende portée aux articles 40 et 41, un emprisonnement d'un mois à six mois.

Il y a récidive lorsqu'il a été rendu contre le prévenu, dans les cinq années antérieures, une première condamnation pour un des délits prévus par la présente loi.

Un emprisonnement d'un mois à six mois pourra aussi être prononcé, si le contrefacteur est un ouvrier ou un employé ayant travaillé dans les ateliers ou dans l'établissement du breveté, ou si le contrefacteur, s'étant associé avec un ouvrier ou un employé du breveté, a eu connaissance, par ce dernier, des procédés décrits au brevet.

Dans ce dernier cas, l'ouvrier ou l'employé pourra être poursuivi comme complice.

Art. 44. L'article 463 du code pénal pourra être appliqué aux délits prévus par les dispositions qui précèdent.

Art. 45. L'action correctionnelle, pour l'application des peines ci-dessus, ne pourra être exercée par le ministère public que sur la plainte de la partie lésée.

Art. 46. Le Tribunal Correctionnel, saisi d'une action pour délit de contrefaçon, statuera sur les exceptions qui seraient tirées par le prévenu, soit de la nullité ou de la déchéance du brevet, soit des questions relatives à la propriété dudit brevet.

Art. 47. Les propriétaires de brevet pourront, en vertu d'une ordonnance du président du Tribunal de première instance, faire procéder, par tous les huissiers, à la désignation et description détaillées, avec ou sans saisie, des objets prétendus contrefaits.

L'ordonnance sera rendue sur simple requête, et sur la représentation du brevet ; elle contiendra, s'il y a lieu, la nomination d'un expert pour aider l'huissier dans sa description.

Lorsqu'il y aura lieu à la saisie, ladite ordonnance pourra imposer au requérant un cautionnement qu'il sera tenu de consigner avant d'y faire procéder.

Le cautionnement sera toujours imposé à l'étranger breveté qui requerra la saisie.

Il sera laissé copie au détenteur des objets décrits ou saisis, tant de l'ordonnance que de l'acte constatant le dépôt du cautionnement, le cas échéant ; le tout à peine de nullité et de dommages-intérêts contre l'huissier.

Art. 48. A défaut, par le requérant, de s'être pourvu, soit par la voie civile, soit par la voie correctionnelle, dans le délai de huitaine, outre un jour par trois myriamètres de distance entre le lieu où se trouvent les objets saisis ou décrits et le domicile du contrefacteur, recéleur, introducteur ou débitant, la saisie ou description sera nulle de plein droit, sans préjudice des dommages-intérêts qui pourront être réclamés, s'il y a lieu, dans la forme prescrite par l'article 36.

Art. 49. La confiscation des objets reconnus contrefaits, et, le cas échéant, celle des instruments ou ustensiles destinés spécialement à leur fabrication, seront, même en cas d'acquittement, prononcées contre le contrefacteur, le recéleur, l'introducteur ou le débitant.

Les objets confisqués seront remis au propriétaire du brevet, sans préjudice de plus amples dommages-intérêts et de l'affiche du jugement, s'il y a lieu.

TITRE VI.

DISPOSITIONS PARTICULIÈRES ET TRANSITOIRES.

Art. 50. Des ordonnances royales, portant

réglement d'administration publique , arrêteront les dispositions nécessaires pour l'exécution de la présente loi, qui n'aura effet que trois
mois après sa promulgation.

Art. 51. Des ordonnances rendues dans la
même forme pourront régler l'application de
la présente loi dans les colonies, avec les modifications qui seront jugées nécessaires.

Art. 52. Seront abrogées, à compter du jour
où la présente loi sera devenue exécutoire , les
lois des 7 janvier et 25 mai 1791, celle du 20
septembre 1792, l'arrêté du 17 vendémiaire an
VII , l'arrêté du 5 vendémiaire an IX, les décrets des 25 novembre 1806 et 25 janvier 1807,
et toutes dispositions antérieures à la présente
loi, relatives aux brevets d'invention, d'importation et de perfectionnement.

Art. 53. Les brevets d'invention, d'importation et de perfectionnement actuellement en
exercice , délivrés conformément aux lois antérieures à la présente , ou prorogés par ordonnance royale , conserveront leur effet pendant
tout le tems qui aura été assigné à leur durée.

Art. 54. Les procédures commencées avant la
promulgation de la présente loi seront mises à
fin conformément aux lois antérieures.

Toute action , soit en contrefaçon , soit en
nullité ou déchéance de brevet , non encore in-

tentée , sera suivie conformément aux dispositions de la présente loi, alors même qu'il s'agirait de brevets délivrés antérieurement.

La présente loi, discutée, délibérée et adoptée par la Chambre des Pairs et par celle des Députés , et sanctionnée par nous cejourd'hui , sera exécutée comme loi de l'État.

DONNONS EN MANDEMENT à nos Cours et Tribunaux , préfets, corps administratifs et tous autres , que les présentes ils gardent et maintiennent, fassent garder, observer et maintenir, et, pour les rendre plus notoires à tous , ils les fassent publier et enregistrer partout où besoin sera , et, afin que ce soit chose ferme et stable à toujours , nous y avons fait mettre notre sceau.

Fait au palais de Neuilly, le cinquième jour du mois de juillet , l'an 1844.

LOUIS-PHILIPPE.

Par le Roi :

Le ministre secrétaire d'état de l'agriculture et du commerce,

L. CUNIN-GRIDAINE.

Vu et scellé du grand sceau :

Le garde-des-sceaux de France, ministre secrétaire d'état au département de la justice et des cultes ,

N. MARTIN (DU NORD).

COMMENTAIRE

DE LA

LOI DU 5 JUILLET 1844.

TITRE Ier.

DISPOSITIONS GÉNÉRALES.

Art. 1er. Toute nouvelle découverte ou invention dans tous les genres d'industrie confère à son auteur, sous les conditions et pour le temps ci-après déterminés, le droit exclusif d'exploiter à son profit ladite découverte ou invention.

Ce droit est constaté par des titres délivrés par le Gouvernement, sous le nom de brevets d'invention.

On a beaucoup disserté, depuis un demi-siècle, sur la nature du droit que confère à son auteur une nouvelle découverte ou invention industrielle. Dire, comme l'a fait l'Assemblée Constituante dans le préambule de la loi de 1791, et comme Mirabeau l'a répété après elle, que ce droit est une propriété, ce ne serait pas trancher la question ; car, outre qu'il est assez difficile de donner de la propriété, considérée dans son essence, une définition abstraite qui satisfasse l'esprit, tout le monde comprend qu'entre les droits qui peuvent être exercés sur un objet matériel et ceux qui peuvent l'être sur une idée, une invention, la différence est assez grande pour que le même mot ne puisse pas servir également à caractériser les uns et les autres. Sans doute, tant que l'inventeur garde en lui-même le secret de sa pensée, cette pensée lui appartient privativement, et le contester, ce serait bien, comme le dit l'Assemblée Constituante, attaquer les droits de l'homme dans leur essence; mais, si ce même inventeur, qui pouvait garder sa découverte improductive et enfouir sa pensée à peine éclose dans un éternel silence, a voulu, au contraire, la produire au jour, lui donner une vie industrielle, et mettre, par son exploitation, le public à même de la juger et de la connaître, son droit privatif lui échappe par la force même des choses, puisque tous ceux qui connaîtront son invention la posséderont de la même manière et aussi complètement qu'il la possède lui-même.

Pour lui, il n'y a plus propriété; car la propriété implique l'idée d'un pouvoir exclusif et absolu, d'un *jus abutendi* que n'a plus l'inventeur. Maître d'un champ, il pourrait le laisser inculte; maître d'un édifice, il pourrait le détruire; auteur d'une idée émise dans le public, le public est avec lui en possession de cette idée, il en partage avec lui les bienfaits, et il ne lui appartient pas plus d'en arrêter les progrès ou d'en régler la marche, qu'il ne serait possible d'éteindre un incendie en soufflant sur la mèche qui l'a allumé.

Telles sont les conséquences où forcément nous amènent, quand nous les appliquons à cette matière, les principes du droit naturel; mais la loi civile vient au secours de l'inventeur, et ce droit privatif, qu'il perdrait en émettant son idée, elle le lui conserve à titre de récompense nationale.

Il a doté la société d'une industrie nouvelle : la société lui doit une récompense proportionnée à l'importance de son invention.

Il interviendra donc entre la société et l'inventeur un contrat, une transaction, un échange. L'inventeur livrera à la société tous les secrets de sa découverte, il lui donnera l'exacte description de ses procédés ; et, en récompense, la société lui octroiera, pour un temps déterminé, un droit privatif à l'exploitation de cette découverte ; rémunération, d'ailleurs, d'autant plus équitable, que les bénéfices de l'inventeur seront ordinairement en rapport direct avec le mérite de l'invention.

Comme toutefois il aurait pu arriver qu'un autre citoyen eût fait plus tard, au profit de la société, la même découverte, le privilége d'exploitation exclusive accordé à l'inventeur ne doit être que temporaire. Et comme il ne faut pas que ces priviléges d'exploitation soient demandés pour des inventions futiles, que leur auteur lui-même ne considérerait pas comme sérieuses, une taxe sera imposée au breveté, assez forte pour qu'on ne fatigue pas l'Administration et qu'on n'entrave pas l'industrie par des demandes inconsidérées ; mais pas assez élevée, cependant, pour arrêter celui qui croit avoir fait une nouvelle découverte d'une exploitation fructueuse pour lui-même, comme elle sera fructueuse pour la société après l'extinction de son privilége.

Voilà, en peu de mots, toute la théorie des brevets d'invention.

L'article 1er de la loi actuelle ne pose pas en principe, comme le faisait la loi de 1791, que toute découverte ou nouvelle invention est la propriété de son auteur.

« Qu'est-ce en effet, avait dit avec raison l'éloquent rapporteur de la commission à la Chambre des Députés, qu'est-ce qu'une propriété qui n'est pas même viagère, qui ne doit durer que cinq, dix ou quinze années, qui ne peut s'aliéner, ou qui s'évanouit faute d'un parchemin obtenu, qui périra parce qu'on ne l'aura point exploitée pendant un an ou deux, et dont la précaire existence sera sans cesse menacée par des déchéances? »

« Sans définir d'une manière abstraite la nature du droit que confère à son auteur une nouvelle découverte ou invention, l'article 1er se borne à déclarer que ce droit consiste dans l'exploitation exclusive, pendant un certain temps et à certaines conditions, de ladite découverte ou invention, et il a été bien expliqué à la Chambre des Députés, par le rapporteur de la commission, qu'ici le mot exploitation entraînait dans son application toute manière d'utiliser le brevet, soit qu'on l'exploitât par soi-même, soit qu'on transmît à d'autres la faculté d'en jouir. (*Moniteur* du 11 avril 1844.) »

Art. 2. Sont considérées comme inventions ou découvertes nouvelles :

L'invention de nouveaux produits industriels ;

L'invention de nouveaux moyens ou l'application nouvelle de moyens connus pour l'obtention d'un résultat ou d'un produit industriel.

Toute invention repose sur une idée nouvelle ; l'idée nouvelle en est le principe constitutif, l'élément essentiel, et, là où il n'y aurait pas idée nouvelle, il n'y aurait certainement pas invention. Mais, dans le sens de la loi, toute idée nouvelle ne sera pas considérée comme une invention ou découverte.

Si l'idée nouvelle est purement spéculative ou scientifique, si elle n'est pas susceptible de se produire dans le commerce par une vente, ou dans l'industrie par un résultat matériellement utile, fit-elle faire à la science les

plus brillantes conquêtes, elle ne pourrait être valablement
brevetée.

Ainsi, lorsque Lavoisier a découvert la nature chimique de l'air atmosphérique ; lorsque Franklin a constaté l'identité de l'étincelle électrique avec la foudre ;
lorsque MM. Gay-Lussac et Thénard ont reconnu la véritable composition de l'acide muriatique et découvert le
chlore, cet agent si puissant, ces merveilleux efforts du
génie humain n'auraient pu être récompensés par des
brevets.

Comment, en effet, de pareilles découvertes pour-
raient-elles donner lieu à une exploitation exclusive, et,
cette exploitation fût-elle possible, comment la défendre
et la protéger ? Contre qui poursuivre la contrefaçon ? Où
aller saisir des objets contrefaits ?.... Evidemment, tous les
éléments du brevet manquent ici ; la société est glorifiée
et non enrichie par des inventions de ce genre, elle doit
à leurs auteurs des récompenses glorieuses plutôt que
des profits pécuniaires.

Il faut toutefois remarquer qu'une idée spéculative ou
scientifique devient de suite une invention susceptible
d'être brevetée, si cette idée trouve dans l'industrie une
application utile. C'est ce que décide l'article 30 de la loi
actuelle, et ce dont on se rend aisément compte, pour peu
qu'on réfléchisse que tout effet produit dans les arts a
pour cause certaines propriétés des corps que la science
peut définir et déterminer, abstraction faite des applications utiles dont elles sont susceptibles.

Ainsi, celui qui a reconnu la force expansive de la vapeur a fait une découverte purement spéculative et
scientifique ; mais s'il avait songé à employer cette force
comme moteur dans l'industrie, il aurait pu faire breveter
sa découverte.

Berthollet, qui a eu l'heureuse idée d'appliquer au blan-
chiment des tissus de coton, de lin et de chanvre, la pro-

priété décolorante du chlore, découverte d'abord par Scheèle, aurait certainement pu se réserver la propriété de cette belle application par un brevet.

Suivant l'article qui nous occupe, ne sont considérées comme inventions ou découvertes que celles qui remplissent une des trois conditions suivantes :

1° Si elles portent sur de nouveaux produits industriels ;

2° Si elles portent sur de nouveaux moyens d'obtenir un résultat ou un produit industriel même déjà connu ;

3° Enfin, si elles portent sur de nouvelles applications de moyens déjà connus pour l'obtention, soit d'un résultat, soit d'un produit industriel.

Faisons comprendre par des exemples quelles sortes d'inventions peuvent être considérées comme remplissant ces conditions.

Le premier qui a imaginé de brûler du varech et d'en faire de la soude, a inventé un nouveau produit industriel.

Leblanc, qui a retiré la soude du sel marin à l'aide de l'acide sulfurique, a trouvé un moyen nouveau pour obtenir le même produit.

Enfin, celui qui, par la saponification du suif au moyen de la chaux et l'emploi des acides, a su isoler du savon calcaire l'acide stéarique propre à la fabrication des bougies, a obtenu un nouveau produit industriel par une nouvelle application de moyens déjà connus.

Mais notre article ne parle pas seulement de *produits* industriels ; il parle aussi de *résultats*, et il faut dire comment un résultat peut n'être pas un produit.

Deux exemples, qui ont été cités à la Chambre des Pairs par le rapporteur de la commission, le feront encore aisément comprendre.

Lorsqu'on mettait de l'eau dans une chaudière destinée

à produire de la vapeur, il s'incrustait aux parois de cette chaudière des matières blanchâtres qui la détruisaient. Eh bien! on a trouvé le moyen, en y introduisant des pommes de terre, d'éviter l'incrustation de ces résidus dans le métal. Il n'y a pas là un produit, mais bien un *résultat* industriel obtenu par un moyen nouveau, en ce sens que les chaudières ne sont plus minées par ces espèces de petites croûtes qui se formaient sur leurs parois.

Il a été récemment découvert un procédé pour souder le plomb par le plomb, au moyen du chalumeau. C'est là une nouvelle application d'un procédé déjà connu pour obtenir un *résultat* que l'on n'obtenait autrefois que par d'autres procédés plus dispendieux et plus compliqués.

Dans la discussion qui s'est élevée à la Chambre des Députés sur l'article 30, M. Houzeau-Muiron a demandé si, dans le système de la loi, l'invention du principe qui consiste à substituer l'air chaud à l'air froid pour activer la combustion aurait pu être brevetée, abstraction faite des appareils d'application qui n'en sont que les accessoires.

« Oui, a répondu le rapporteur de la commission, parce que c'est l'invention d'un moyen nouveau pour obtenir un résultat industriel. Ainsi, a-t-il ajouté, bien que l'invention ne portât pas sur les moyens de produire l'insufflation, c'est-à-dire sur la machine soufflante, mais uniquement sur l'idée de substituer l'air chaud à l'air froid, comme ce n'était pas une idée purement théorique, purement scientifique, mais une idée qui révélait l'emploi d'un moyen nouveau pour obtenir un résultat industriel, on a breveté cette idée. Le brevet a été maintenu, et, si plus tard il a été annulé, c'est par d'autres raisons, c'est parce que l'on a reconnu que l'idée avait été décrite dans des ouvrages imprimés. » (*Moniteur* du 17 avril 1844.)

Il faut remarquer, au surplus, que ce ne sera pas l'Administration qui, pour accorder ou refuser un brevet, décidera si l'invention remplit ou ne remplit pas les conditions voulues par notre article ; ce seront les Tribunaux qui, aux termes de l'article 30, pourront avoir plus tard à apprécier si le brevet a pu être valablement demandé et obtenu, et s'il n'y a pas lieu d'en prononcer la nullité.

Dans le projet du Gouvernement, l'article qui nous occupe était rédigé ainsi : « *Sont susceptibles d'être brevetés*, l'invention......, etc. » Cette rédaction, rapprochée de celle de l'article suivant, qui déclare certains objets *non susceptibles d'être brevetés*, semblait impliquer, pour l'Administration qui délivre les brevets, un droit d'examen préalable tout-à-fait opposé au système de la loi. La Chambre des Députés a fait de l'article une simple définition assez mal rédigée, mais qui pourtant est intelligible.

Quant au caractère de nouveauté que doit présenter l'invention, sous peine de nullité du brevet, nous nous en occuperons sous les articles 30 et 31.

Art. 5. *Ne sont pas susceptibles d'être brevetés :*

1° Les *compositions pharmaceutiques* ou remèdes de toute espèce, lesdits objets demeurant soumis aux lois et réglements spéciaux sur la matière, et notamment au décret du 18 août 1810, *relatif aux remèdes secrets ;*

2° Les *plans et combinaisons de crédit ou de finances.*

Ne sont pas susceptibles d'être brevetés. Cette disposition a été, à la Chambre des Députés, l'objet de longs et graves débats. Plusieurs orateurs y voyaient une dérogation au principe de la délivrance des brevets sans examen préalable consacré par l'article 11, et sur lequel repose tout le système de la loi.

Comment, disaient-ils, l'Administration pourra-t-elle décider si telle invention est ou n'est pas susceptible d'être brevetée, parce qu'elle rentre ou ne rentre pas dans les catégories de l'art. 3, sans se livrer à l'examen de sa nature, sans vérifier, par exemple, si une drogue indiquée comme substance alimentaire ne constitue pas un remède pharmaceutique?

Il a été alors bien expliqué par la commission que ce serait sur l'*étiquette de l'invention*, c'est-à-dire d'après la qualification que l'inventeur voudrait lui-même donner à sa découverte, que l'Administration pourrait faire l'application de l'article 3 et refuser le brevet. « Ainsi, a dit le
» rapporteur, M. Philippe Dupin, lorsqu'on a fait une
» découverte et qu'on demande un brevet, on doit dire
» quelle est la découverte, quel est son objet, son titre,
» son nom. La loi en fait une obligation précise. Eh bien !
» si on demande un brevet pour une composition pharma-
» ceutique, pour un remède, sur le titre seulement, sans
» examen, et par cela seul que c'est une composition
» pharmaceutique, on ne donne pas le brevet. »

Il suit de là que, si on trompait l'Administration, en déguisant une préparation pharmaceutique sous un nom supposé, en la présentant, par exemple, comme une substance alimentaire, on pourrait à la vérité se faire délivrer un brevet; mais à quoi servirait-il? Tout contrefacteur qui voudrait s'emparer de la substance frauduleusement ou maladroitement nommée substance alimentaire, et dans laquelle il aurait reconnu une composition pharmaceutique, pourrait la fabriquer impunément, et, quand l'inventeur viendrait demander aux Tribunaux la protection de son brevet, il en entendrait prononcer la nullité, aux termes du deuxième paragraphe de l'article 30.

Il faut remarquer, en effet, que les brevetés ne pourront jamais trouver, dans l'espèce d'examen préalable que l'article qui nous occupe suppose de la part de l'Administration, une protection, devant les Tribunaux, contre l'action en nullité qui pourrait être plus tard dirigée contre leur brevet. Ils ne pourraient pas dire, par exemple : « Ma composition a été brevetée, donc elle était susceptible de l'être, donc elle ne constitue pas un remède pharmaceutique. » L'action des Tribunaux sera toujours complètement indépendante de celle de l'Administration, et ce qui le prouve, c'est que le deuxième paragraphe de l'article 30 déclare le brevet nul si l'invention n'était pas susceptible d'être brevetée aux termes de l'article 3.

Compositions pharmaceutiques. Les compositions pharmaceutiques préparées pour l'art vétérinaire, et les remèdes destinés aux animaux, sont-ils frappés de la même proscription que ceux employés par la médecine pour la guérison des hommes ?

La question, soulevée à la Chambre des Députés, a été résolue affirmativement par la commission :

« Sous ce rapport, a-t-on dit, les animaux ressemblent
» beaucoup à l'homme, et les hommes et les animaux
» sont égaux devant la pharmacie. On traite les animaux
» avec des remèdes qui proviennent des pharmacies or-
» dinaires ; on ne donnera donc pas plus de brevet à ceux
» qui font des inventions pour le traitement des animaux
» qu'à ceux qui en feraient pour le traitement des hom-
» mes. » (*Moniteur* du 12 avril 1844.)

Une autre question fort grave, et qu'a encore soulevée à la Chambre des Députés la discussion de ce paragraphe, a été celle de savoir si, lorsqu'une matière serait susceptible d'être employée à-la-fois comme remède et comme objet utile aux arts, elle pourrait être brevetée.

« Ainsi, a dit M. Bureaux de Pusy, on fait de l'acétate

» de plomb un grand usage pour la teinture, et on s'en
» sert aussi comme remède.

» Eh bien ! si on découvrait aujourd'hui l'acétate de
» plomb, en déclarant qu'il peut être utile en teinture et
» comme remède, ne pourrait-on pas obtenir un brevet,
» par cela seul que le nouveau produit pourrait être em-
» ployé comme médicament?

» Cela mérite une explication. »

» — Conformément à l'article 6, a répondu M. Rivet,
» toute personne qui se présente pour obtenir un brevet
» est tenue de faire l'indication de la substance et du mode
» que contient le procédé. Eh bien ! quand on désignera
» l'acétate de plomb comme composition pharmaceutique,
» le brevet ne sera pas accordé ; quand on présentera, au
» contraire, l'acétate de plomb comme une substance in-
» dustrielle, le brevet sera accordé, aux risques et périls
» de l'inventeur. »

» — Mais, a demandé M. Bethmont, je suppose qu'on
» présente l'invention de l'acétate de plomb, et qu'on ne
» dise pas quelles seront les applications très-variées que
» pourra offrir ce produit, chacun se l'appropriera pour les
» besoins qui lui seront particuliers : la teinture le prendra
» aujourd'hui ; la médecine le prendra demain ; vous ne
» pouvez pas dire qu'on ne brevetera pas le produit en rai-
» son des applications qu'on pourrait en faire plus tard. »

» — Que la Chambre me permette, a dit alors le rap-
» porteur de la commission, de lui rappeler le but et la
» pensée de l'article, qui tend à prévenir la confiance qui
» peut s'attacher, dans une opinion peu éclairée, à un
» remède breveté. Or, évidemment, le danger du brevet
» n'existe que lorsqu'un remède est breveté comme re-
» mède. Là, seulement, est l'abus possible, parce que la
» personne brevetée peut se présenter aux gens crédules
» comme auteur d'un remède examiné et approuvé par
» le Gouvernement.

« Mais, toutes les fois qu'on n'appliquera pas à la chose
» brevetée la qualification de remède, le danger disparaî-
» tra, ou, du moins, il sera considérablement atténué. »
(*Moniteur* du 12 avril 1844.)

Relatif aux remèdes secrets. Le décret du 18 août 1801
déclarait nulles toutes les permissions accordées aux inventeurs ou propriétaires de remèdes secrets, défendait de leur
en accorder à l'avenir, et instituait une commission, prise
au sein de la Faculté de Médecine, pour examiner ceux de
ces remèdes dont lesdits inventeurs ou propriétaires vou-
draient traiter avec le Gouvernement.

Ce décret n'ayant pas reçu d'exécution, la vente des
remèdes secrets retomba sous l'empire de la loi du 21 ger-
minal an XI, d'après laquelle on considère comme remèdes secrets tous ceux qui ne sont point inscrits au
Codex ou ne sont pas préparés suivant des prescriptions
magistrales.

Les plans ou combinaisons de crédit ou de finances. Déjà
le décret du 20 septembre 1792 avait disposé que le pouvoir exécutif ne pourrait plus concéder des brevets d'invention aux établissements de finances, et avait supprimé
l'effet de ceux précédemment accordés.

Les motifs de ce décret, comme ceux de la disposition
qui nous occupe, sont, d'abord, que les plans et combinaisons de finances ne sont pas des inventions industrielles
proprement dites, et qu'il n'y a de brevetables que les industries relatives aux arts et métiers; puis, aussi, que ces
combinaisons cachent souvent des spéculations fraudu-
leuses auxquelles le Gouvernement ne doit pas accorder
l'espèce de protection dont la crédulité publique attache
l'idée à la délivrance d'un brevet.

Ce dernier motif est aussi celui qui a fait proscrire les
brevets accordés aux compositions pharmaceutiques.

« Ce qui intéresse la santé publique est trop grave, a

» dit le rapporteur de la commission à la Chambre des Dé-
» putés, pour qu'on puisse le livrer à tous les piéges, à
» toutes les combinaisons du charlatanisme. Or, tout le
» monde reconnaît qu'il existe un préjugé fâcheux, invé-
» téré, une croyance populaire qu'on ne peut déraciner,
» qui attache à l'obtention d'un brevet l'idée d'une ga-
» rantie pour l'utilité et le mérite d'une invention ; qui
» fait croire que le Gouvernement examine, juge, ap-
» prouve, et que l'invention brevetée se recommande par
» là à la confiance des citoyens.

» Ce préjugé n'a que de faibles inconvénients lorsqu'il
» s'agit de choses peu importantes, qui entrent dans la
» consommation ou les usages ordinaires de la vie ; mais,
» lorsqu'il s'agit de la santé publique, les erreurs sont trop
» graves pour qu'on puisse livrer la crédulité à la merci
» du charlatanisme et au parti qu'il pourrait tirer des bre-
» vets d'invention. » (*Moniteur* du 12 avril 1844.)

Le projet de loi avait frappé de la prohibition portée
dans cet article « les principes, méthodes, systèmes, et
» généralement toutes découvertes ou conceptions pure-
» ment scientifiques ou théoriques, » et la commission de
la Chambre des Pairs avait ajouté « les inventions con-
» traires aux lois, aux bonnes mœurs et à la sûreté pu-
» blique. » Mais c'eût été rendre l'Administration juge
de questions qui doivent être réservées aux Tribunaux,
et violer le principe de non-examen préalable sur lequel
repose toute l'économie de la loi. (Voir nos observations
sur l'article 11.)

Art. 4. *La durée des brevets* sera de cinq, dix
ou quinze années.

Chaque brevet donnera lieu *au paiement d'une
taxe* qui est fixée ainsi qu'il suit, savoir :

500 fr. pour un brevet de cinq ans ;

1,000 fr. pour un brevet de dix ans ;

1,500 fr. pour un brevet de quinze ans.

Cette taxe sera payée *par annuités de* 100 *fr.*, sous peine de déchéance, si le breveté laisse écouler un terme sans l'acquitter.

La durée des brevets. La durée des brevets peut être prolongée par une loi. (V. art. 15.)

Au paiement d'une taxe. Les anciennes taxes étaient de 362, 862 et 1,562 fr., en y comprenant les droits d'expédition et de dépôt, qui demeurent supprimés. Il résulte de la nouvelle loi une augmentation de 138 fr. pour les brevets de cinq ou de dix années, et une réduction de 62 fr. pour les titres de quinze ans.

Par annuités de 100 *fr.* Le dernier paragraphe de l'article est dû à un amendement présenté à la Chambre des Députés par MM. Bethmont et Taillandier. Il consacre une innovation capitale apportée par la nouvelle loi à la législation antérieure.

Ce système du paiement de la taxe par annuités, qui est conforme à la législation autrichienne, avait été l'objet d'une pétition présentée à la Chambre par un grand nombre d'industriels inventeurs, et la Société d'Encouragement pour l'Industrie nationale l'appuyait vivement.

Il est certain qu'il présente aux inventeurs de grands avantages.

Aux termes de l'article 3 du titre II de la loi du 25 mai 1791, celui qui demandait un brevet devait payer, en présentant sa requête, la moitié de la taxe, et, sous peine de la déchéance de son titre, acquitter le surplus dans le délai de six mois.

Mais l'esprit d'invention ne s'allie pas toujours à la fortune. Les artisans les plus industrieux sont souvent les moins riches. Or, qu'arrivait-il? Quand un pauvre ouvrier avait fait dans son art une invention utile, le plus souvent ses ressources étaient épuisées par les recherches, les essais qui avaient préparé son œuvre, et il n'avait plus les moyens d'acquitter la taxe d'un brevet, même d'un brevet de cinq ans; il lui fallait alors s'adresser à un capitaliste qui, ordinairement peu confiant dans son succès, ne voulait lui prêter qu'à gros intérêts la somme dont il avait besoin, ou qui, s'il jugeait son invention fructueuse, spéculait sur sa misère et lui achetait à vil prix ses droits à une exploitation exclusive.

Grâce à la nouvelle loi, l'inventeur pauvre n'aura plus à subir ces tristes et décourageantes nécessités. En attendant les bénéfices que sa découverte lui promet, il pourra aisément prélever chaque année, sur les fruits de son travail ou sur ses économies, la petite somme nécessaire à la conservation de ses droits. Rien ne l'empêchera même, pour peu qu'il le croie utile à ses intérêts, de prendre son brevet pour quinze ans, sauf à le laisser tomber en déchéance au bout de quelques années si le succès ne répond pas à son attente; car la déchéance, résolvant tous les droits, le déliera de sa dette envers l'Etat, comme elle déliera l'Etat de ses obligations envers lui.

Seulement, il est à remarquer que, d'après la disposition de l'article 20, il ne pourra faire la cession totale ou partielle de son brevet qu'après en avoir intégralement acquitté la taxe; mais une industrie qui trouve des cessionnaires est une industrie qui déjà est en voie de prospérité, et, alors, les fonds ne manquent plus à celui qui l'exerce.

A côté de ces avantages, qui sont réels, il ne faut pas se dissimuler que bien des inconvénients pourront se produire, d'abord pour les inventeurs eux-mêmes, qui, séduits par les facilités que la loi leur accorde, fonderont

trop souvent sur de folles rêveries des espérances chimé-
riques de fortune, et s'épuiseront, aux dépens des nécessités de leur famille, afin de conserver des droits stériles
à d'insignifiants brevets ; puis, surtout, pour l'industrie
en général, dont les mouvements se trouveront singulièrement gênés par cette incalculable multiplicité de priviléges que la nouvelle législation va enfanter.

Avant d'apporter à l'industrie la plus vulgaire le plus
chétif perfectionnement, avant de changer quelque chose
à la fabrication d'un jouet d'enfant ou d'un bonbon,
l'ouvrier qui ne voudra pas s'exposer à des poursuites en
contrefaçon aura des volumes à consulter pour s'assurer
qu'un autre que lui n'aura pas eu déjà l'idée du même
perfectionnement et ne l'aura pas fait breveter.

En signalant ces dangers, nous n'entendons pas faire la
critique de la nouvelle disposition. C'est surtout en législation qu'il est vrai de dire que chaque médaille a un re-
vers. Nous voulons seulement prémunir les industriels
contre de vaines illusions, et appeler l'attention de l'Administration sur la nécessité de mettre à l'avenir, dans ses
publications, assez de soin pour faciliter des recherches
qui vont devenir si nécessaires et si fréquentes.

TITRE II.

DES FORMALITÉS RELATIVES A LA DÉLIVRANCE DES BREVETS.

SECTION Iʳᵉ.

Des Demandes de Brevets.

Art. 5 *Quiconque voudra* prendre un brevet
d'invention devra déposer, sous cachet, au secrétariat de la préfecture, dans le département

où il est domicilié ou dans tout autre département, *en y élisant domicile* :

1° *Sa demande* au ministre de l'agriculture et du commerce ;

2° *Une description de la découverte*, invention ou application faisant l'objet du brevet demandé ;

3° Les dessins ou échantillons qui seraien nécessaires pour l'intelligence de la description

Et 4° un bordereau des pièces déposées.

Quiconque voudra. Tout inventeur d'une chose susceptible d'être brevetée peut obtenir un brevet d'invention. Le mineur comme le majeur, la femme mariée, l'interdit, le failli, et même le mort civilement, ont ce droit, sauf à ne pouvoir ensuite exercer les actions dérivant du brevet, comme, par exemple, des poursuites en contrefaçon, que dans les formes et avec les autorisations ou assistances voulues par la loi.

En y élisant domicile. L'effet d'une élection de domicile dans un acte quelconque est que toutes les significations, demandes et poursuites relatives à cet acte, peuvent être faites au domicile convenu et devant le juge de ce domicile. (Art. 111 du code civil.)

Cette faculté d'une élection de domicile, dans un autre département que le sien, a été ajoutée par la commission de la Chambre des Pairs au projet du Gouvernement.

Sa demande. Une invention ne peut donner droit à l'obtention d'un brevet qu'autant qu'elle est suivie d'une demande, et celui-là est toujours de droit présumé l'inventeur qui, le premier, forme cette demande.

Souvent les inventeurs croient s'assurer des droits à la priorité d'une invention en faisant mettre le timbre de la poste sur des lettres qui contiennent la description de leurs procédés, ou bien en faisant constater, par des sociétés savantes, le dépôt qu'ils font à leurs archives de cette description.

Sans doute, ces mesures peuvent servir à leur faire attribuer l'honneur scientifique de la priorité d'une découverte ; mais il importe qu'ils soient bien informés qu'elles sont complètement insignifiantes pour l'obtention d'un brevet, et que, si une personne plus diligente que l'inventeur, ayant eu connaissance de ses secrets, formait avant lui une demande de brevet, ce serait à cette personne, et non pas à l'inventeur, que le brevet serait accordé.

En vain ce dernier prouverait-il que le procédé objet du brevet lui était depuis long-temps connu, et même qu'il le pratiquait dans le secret de son atelier ; non-seulement il n'obtiendrait pas la jouissance exclusive de son invention, mais il ne pourrait plus l'exploiter, sous peine d'être poursuivi comme contrefacteur. (V. art. 40 et suiv.)

Une description de la découverte. La description doit préciser avec exactitude les points sur lesquels porte l'invention. Il faut qu'elle soit assez claire et assez complète pour qu'après l'expiration du brevet, toute personne à ce connaissant puisse, sans le concours de l'inventeur, exploiter l'invention. Ce n'est, en effet, qu'à la condition que la société jouira un jour des bénéfices de son invention, qu'elle garantit à l'inventeur quelques années d'une jouissance exclusive. La description est la pièce essentielle du contrat. C'est elle qui détermine ce que l'inventeur livre à la société en échange du privilége que la société lui concède.

Aussi l'article 39 de la loi punit-il par la déchéance du brevet la description qui n'est pas suffisante pour l'exécution de l'invention, qui n'indique pas d'une manière complète et loyale les vrais moyens de l'inventeur.

Art. 6. La demande sera limitée à un seul objet principal, *avec les objets de détail qui la constituent* et *les applications qui auront été indiquées.*

Les dessins seront tracés à l'encre et d'après une échelle métrique.

Un duplicata de la description et des dessins sera joint à la demande.

Toutes les pièces seront signées par le demandeur, ou par un mandataire dont le pouvoir restera annexé à la demande.

Elle mentionnera la durée que les demandeurs entendent assigner à leur brevet dans les limites fixées par l'article 4, et ne contiendra *ni restriction, ni condition, ni réserves.*

Elle indiquera un titre renfermant *la désignation sommaire et précise de l'objet de l'invention.*

La description *ne pourra être écrite en langue étrangère*; elle devra être sans altération ni surcharges. Les mots rayés comme nuls seront comptés et constatés, les pages et les renvois paraphés. Elle ne devra contenir aucune dénomination de poids ou de mesures autres que celles qui sont portées au tableau annexé à *la loi du 4 juillet* 1837.

Avec les objets de détail qui la constituent. Pour bien comprendre ce premier paragraphe de l'article 6, il est indispensable de connaître la discussion à laquelle il a donné lieu dans les deux Chambres.

Le projet du Gouvernement portait :

« *Aucune demande ne devra comprendre plus d'un objet distinct.* »

Mais plusieurs inventions, découvertes, procédés distincts, peuvent conduire à la perfection d'un seul et unique produit.

Supposons, par exemple, que l'on invente une machine à vapeur d'un poids plus léger que les autres, d'une facture moins coûteuse, procurant une grande économie de combustible, et réunissant à ces avantages l'inexplosibilité, il est certain qu'il y aurait là plusieurs perfectionnements distincts, et dont chacun, pris isolément, pourrait être breveté. Eh bien ! l'inventeur devra-t-il prendre autant de brevets divers : l'un pour le poids qui est moindre, l'autre pour la facture moins dispendieuse, un autre pour l'économie du combustible, un autre pour l'inexplosibilité ? Non sans doute ; il y a là un objet principal, qui est le perfectionnement de la machine à vapeur, et le brevet pris pour un perfectionnement comprendra les divers objets de détail qui le constituent.

Les applications qui auront été indiquées. Une invention peut être complexe. Un procédé appliqué à un objet peut être appliqué en même temps à d'autres objets de nature diverse. Ainsi, par exemple, quand Watt fit de la machine à vapeur un moteur universel, il lui fallut établir, entre la tige du piston et l'extrémité de la manivelle, une communication rigide au moyen d'un mécanisme extrêmement remarquable, le *parallélogramme articulé*, qui a, depuis, trouvé son application dans une foule d'autres machines.

Pour parer à des changements de vitesse trop considérables, il imagina le *régulateur à force centrifuge*, qui sert aujourd'hui pour régulariser l'écoulement de l'eau dans les usines hydrauliques.

D'après le système que notre article consacre, Watt en

prenant un brevet pour sa machine à vapeur, aurait pu le prendre aussi pour les applications qu'il aurait indiquées comme pouvant être faites de son parallélogramme articulé et de son régulateur à force centrifuge.

Cela résulte très-expressément de la discussion qui a eu lieu à la Chambre des Députés sur l'article qui nous occupe. (Voir le *Moniteur* des 13 et 16 avril 1844.)

Les dessins seront tracés à l'encre. M. le vicomte Dubouchage voulait que les dessins fussent gravés ou lithographiés. On a répondu, d'abord, qu'il pourrait y avoir danger pour le secret de la découverte, s'il fallait s'adresser à un graveur avant la délivrance du brevet, et, d'un autre côté, que des dessins gravés ou lithographiés étaient des dessins tracés à l'encre dans le sens de l'article ; d'où suit qu'il y aura, non pas obligation, mais faculté pour les inventeurs de faire graver et lithographier leurs dessins s'ils le jugent convenable. (*Moniteur* du 26 mars 1843.)

Ni restriction, ni condition, ni réserves. Un pair a demandé ce qu'il fallait entendre par *restriction ou réserves*. « Souvent, a répondu le ministre du commerce, les inventeurs demandent, en présentant leur requête, que leur brevet ne leur soit délivré qu'après deux ou trois mois, ou bien ils y insèrent certaines réserves qui accompagnent la demande de brevet. Eh bien ! c'est pour mettre l'Administration à l'abri de ces réserves, et pour que le demandeur sache bien à l'avance qu'elles ne seront pas admises, qu'on a mis cette disposition dans l'article. » (*Moniteur* du 26 mars 1843.)

La désignation sommaire et précise de l'objet de l'invention. Quelquefois le nom donné à l'invention par son auteur suffira pour cette désignation ; quelquefois aussi, ce nom n'exprimant rien par lui-même, comme la *Perrotine*, le *Daguerréotype*, il faudra en donner une définition. Ainsi, il faudrait dire, par exemple : « *Perrotine*, » machine à imprimer sur étoffes ; « *Daguerréotype*, » appareil propre à reproduire l'image des objets par l'action de la lumière.

Le titre doit toujours indiquer d'une manière nette et précise quel est l'objet de l'invention, d'abord afin que l'Administration sache si cette invention ne serait pas non-brevetable aux termes de l'article 3, puis aussi pour que le public, auquel communication en est donnée, comme nous le verrons aux articles 24 et 25, connaisse bien les différents genres d'industrie dont l'exploitation lui est interdite.

Ne pourra être écrite en langue étrangère. Le projet du Gouvernement portait : « La description devra être écrite *entièrement* en français. » La rédaction actuelle veut seulement que la description ne puisse être écrite en langue étrangère, et il a été bien entendu que l'intercalation, dans la demande d'un brevet, de quelques mots que l'inventeur aurait empruntés, soit à la langue anglaise, soit à d'autres langues étrangères, parce qu'ils n'auraient pas leur équivalent dans la nôtre, ne pourraient faire annuler cette demande.

La loi du 4 juillet 1837. La loi du 4 juillet 1837 sur les poids et mesures, et l'ordonnance du 17 avril 1839, qui l'a suivie, n'interdisent les anciennes dénominations de poids et mesures que dans les actes et écritures et registres de commerce produits en justice ; il était nécessaire d'étendre spécialement l'interdiction aux descriptions annexées aux brevets, afin de prévenir toute incertitude sur ce point, qui pouvait ne pas paraître rentrer dans les prévisions de la loi du 4 juillet 1837.

Le projet du Gouvernement voulait que la description fût écrite sur papier timbré. Cette disposition ne se retrouvant plus dans la nouvelle rédaction de l'article amendé par la commission de la Chambre des Députés ; il faut en conclure que les descriptions pourront être écrites sur papier libre.

Art. 7. Aucun dépôt ne sera reçu que sur la production d'un récépissé constatant le versement d'une somme de 100 fr. à valoir sur le montant de la taxe du brevet.

Un procès-verbal, dressé sans frais, sur un registre à ce destiné, par le secrétaire-général de la préfecture, et signé par le demandeur, constatera chaque dépôt, en énonçant le jour et l'heure de la remise des pièces.

Une expédition dudit procès-verbal sera remise au déposant, *moyennant le remboursement des frais de timbre.*

Moyennant le remboursement des frais de timbre. La loi de 1791 avait établi deux sortes de perceptions : l'une au profit de l'Etat, c'est la taxe dont il est question dans l'article 4 ; l'autre au profit du secrétariat du département, pour la rédaction du procès-verbal et autres droits. Cette dernière perception, dont, en 1829, une circulaire ministérielle avait attribué les produits aux secrétaires-généraux personnellement, est entièrement supprimée par la loi actuelle. Les frais de timbre du procès-verbal seront les seuls auxquels donneront lieu la délivrance d'un brevet, sauf ce qui sera dit à l'article 11 pour le cas où l'inventeur demanderait plusieurs expéditions de son titre. (Voir le *Moniteur* du 13 avril 1844.)

Art. 8. La durée des brevets courra du jour du dépôt prescrit par l'art. 5.

D'après le décret du 25 janvier 1807, les brevets ne commençaient à dater que du jour de leur signature par le ministre.

Il résultera de la disposition nouvelle que le breveté perdra tout le temps qui sera employé dans les bureaux à l'expédition de son brevet.

Pour combattre un amendement de la commission de la Chambre des Pairs qui voulait conserver l'ancien état des choses, le ministre de l'agriculture et du commerce a fait valoir la prompte expédition des brevets, qui, dans ses bureaux, a-t-il assuré, ne prenait jamais plus de quinze jours, trois semaines ou un mois tout au plus.

Malgré cette considération, l'amendement de la commission avait été adopté par la Chambre des Pairs; mais la Chambre des Députés revint au système du Gouvernement, sur les observations qui lui furent faites que, du jour où sa demande était formée, le breveté entrait, par le fait, en jouissance de tous les droits que le brevet lui confère. (Voir le *Moniteur* des 28 mars 1843 et 13 avril 1844.)

SECTION II.

De la Délivrance des Brevets.

Art. 9. Aussitôt après l'enregistrement des demandes, et dans les cinq jours de la date du dépôt, les préfets transmettront les pièces, *sous le cachet de l'inventeur*, au ministre de l'agriculture et du commerce, en y joignant le procès-verbal de dépôt, le récépissé constatant le versement de la taxe, et, s'il y a lieu, le pouvoir mentionné dans l'article 6.

Sous le cachet de l'inventeur. C'est-à-dire que les pièces qui auront été envoyées cachetées par l'inventeur ne seront pas ouvertes à la préfecture.

Art. 10. A l'arrivée des pièces au ministère de l'agriculture et du commerce, il sera procédé à l'ouverture, à l'enregistrement des demandes, et à l'expédition des brevets dans l'ordre de la réception desdites demandes.

Art. 11. Les brevets dont la demande aura été régulièrement formée seront délivrés, *sans examen préalable*, aux risques et périls des demandeurs, et sans garantie, soit de la réalité, de la nouveauté et du mérite de l'invention, soit de la fidélité ou de l'exactitude de la description.

Un arrêté du ministre, constatant la régularité de la demande, sera délivré au demandeur et *constituera le brevet d'invention.*

A cet arrêté sera joint le duplicata certifié de la description et des dessins mentionnés dans l'article 6, après que la conformité avec l'expédition originale en aura été reconnue et établie au besoin.

La première expédition des brevets sera *délivrée sans frais.*

Toute expédition ultérieure demandée par le breveté ou ses ayant-cause donnera lieu au paiement d'une taxe de 25 fr.

Les frais de dessin, s'il y a lieu, demeureront à la charge de l'impétrant.

Sans examen préalable. On conçoit qu'en matière de brevets d'invention deux systèmes différents peuvent être suivis : ou bien, avant de délivrer le brevet, on vérifie les droits de l'inventeur à son obtention, on examine le mérite de la découverte, sa réalité, sa nouveauté, etc.;

Ou bien, sans aucun examen préalable, par cela seul qu'un individu croit avoir fait une nouvelle découverte et veut s'en réserver, pendant un certain nombre d'années, l'exploitation exclusive, on enregistre sa demande pour lui donner une date certaine, et on lui promet protection, dans l'exercice de ses droits, tant qu'il pourra les conserver, c'est-à-dire tant qu'il ne sera pas prouvé contre lui, ou que sa découverte n'est pas réelle, ou qu'elle n'est pas nouvelle, ou que son exploitation présenterait des inconvénients ou des dangers.

Le premier de ces deux systèmes aurait incontestablement de grands avantages, et pour l'inventeur, qui, une fois en possession de son brevet, se verrait assuré du libre et paisible exercice de son industrie, et pour la société, qui trouverait, dans l'acte émané du Gouvernement, une garantie de la réalité de ce que promet l'inventeur.

Toutefois, la mise en œuvre de ce système présente des difficultés d'exécution qui, dans presque tous les pays de l'Europe, ont dû le faire proscrire. Comment, en effet, juger à l'avance si ce qu'on prétend nouveau n'est pas déjà usité dans quelque manufacture isolée? Comment prévoir le degré d'utilité d'une industrie qui n'est pas encore née, ou bien les inconvénients et les dangers qui attendent l'exploitation de cette industrie lorsqu'elle se produira avec tous les développements que son auteur pourra vouloir lui donner? Puis, où trouver des juges compétents pour résoudre ces difficultés? Ne vaut-il pas mieux les réserver aux Tribunaux, juges naturels de toutes les questions de propriété, et dont les formes protectrices assurent à chacun la libre défense de ses droits, que de les livrer à l'arbitraire de l'Administration, qui prononcerait, en l'absence des inventeurs, et sans contradiction possible de leur part?

Aussi, le système du non-examen préalable a-t-il été

admis par la loi de 1791, et a-t-il toujours fait la base de notre législation sur la matière.

Seulement, on a établi près du ministre du commerce un comité consultatif auquel sont renvoyées toutes les demandes de brevets. Ce comité, lorsque l'invention ne lui paraît pas susceptible d'être valablement brevetée, en instruit le ministre ; la partie est avertie, et ce n'est que lorsqu'elle persiste après cet avertissement que le brevet lui est délivré.

Si un individu voulait faire breveter une invention qui paraîtrait contraire à la morale ou aux lois, sa demande devrait-elle être accueillie ?

Cette question a été soulevée à la Chambre des Pairs et y a excité de longs et solennels débats. Après deux séances consacrées à cette discussion, la Chambre avait d'abord adopté un amendement proposé par sa commission, et qui impliquait le droit, pour l'Administration, de refuser la délivrance d'un brevet demandé pour une industrie jugée contraire aux mœurs ou aux lois.

Cet amendement consistait à rédiger ainsi le premier paragraphe de l'article 11 :

« Les brevets dont la demande aura été régulièrement formée seront délivrés aux risques et périls des demandeurs, *sans examen préalable et garantie*, soit de la réalité, de la nouveauté ou du mérite de l'invention, soit de la fidélité ou de l'exactitude de la description. »

Il résultait de cette rédaction que le non-examen se trouvait limité à la réalité, à la nouveauté, au mérite de l'invention, mais ne portait pas sur sa moralité ou sa légalité, dont le Gouvernement demeurait appréciateur souverain. La Chambre, effrayée sans doute elle-même des conséquences de son vote, a rejeté l'article lorsqu'elle a été appelée à voter sur son ensemble, et en est revenue à la rédaction primitive du projet de loi, qui consacre dans toute son intégrité le principe du non-examen.

On voudra bien remarquer, toutefois, que le principe du non-examen ne porte pas sur la régularité de la demande dont le ministre reste juge, la procédure administrative, qui a pour objet d'arriver à l'obtention du brevet, ne touchant en rien à ce qui concerne le fond de l'invention. (Voir article 12.)

Constituera le brevet d'invention. Ainsi, le brevet n'est pas autre chose que la constatation de la découverte régulièrement formée et un acte de récépissé.

Délivrée sans frais. (Voir nos observations sur l'article 7.

Les frais de dessin. Un pair voulait que les dessins pussent être faits soit par l'inventeur lui-même, soit par un artiste désigné par lui ; mais on a répondu que les dessins ne pourraient être ainsi mis à la disposition des tiers, qu'il en pourrait résulter de trop graves inconvénients. Ce sera donc un employé du ministère qui délivrera au breveté, sur sa demande, les dessins dont il aura besoin.

Art. 12. Toute demande dans laquelle n'auraient pas été observées les formalités prescrites par les numéros 2 et 3 de l'article 5 et par l'article 6, sera rejetée. La moitié de la somme versée restera acquise au trésor; mais il sera tenu compte de la totalité de cette somme au demandeur, s'il reproduit sa demande dans un délai de trois mois.

On conçoit aisément les conséquences que pourraient avoir, en certains cas, pour l'inventeur, le rejet d'une demande irrégulièrement formée. Un autre industriel pourrait le gagner de vitesse, et, avant qu'il ait renouvelé sa demande, se faire breveter pour la même invention.

Le demandeur originaire perdrait alors sa priorité et se verrait dépouillé de son titre.

Il est vrai de dire, toutefois, que, dans la pratique, l'Administration, avant de rejeter une demande irrégulièrement formée, a pour habitude de prévenir officieusement l'inventeur, et de le mettre à même de rectifier ce qui n'aurait été, de sa part, que le résultat d'une erreur ou d'un oubli. Dans la séance de la Chambre des Pairs du 28 mars 1843, M. le ministre des travaux publics a promis qu'il en serait toujours ainsi dans la suite, et c'est après cette promesse que la Chambre a rejeté un amendement de M. Gay-Lussac, suivant lequel la priorité de l'invention serait restée constatée par la date du procès-verbal de dépôt.

Art. 13. Lorsque, par application de l'article 5, il n'y aura pas lieu à délivrer un brevet, la taxe sera restituée.

Art. 14. Une ordonnance royale, insérée au *Bulletin des Lois*, proclamera, tous les trois mois, les brevets délivrés.

Art. 15. La durée des brevets ne pourra être prolongée que par une loi.

Sous la législation antérieure, on faisait assez généralement une distinction entre la prolongation qui, jointe au temps pour lequel le brevet avait été primitivement accordé, ne dépassait pas les quinze années qui sont le maximum de la durée légale, et celle qui excédait ces limites. La première était accordée par simple ordonnance, et la seconde ne l'était que par une loi.

Cette distinction ne pourra plus être faite aujourd'hui, et, pour prolonger un brevet au-delà du terme pour lequel il aura été demandé et obtenu, il faudra toujours une loi.

« Lorsque , comme dans l'état actuel des choses, a dit
» le ministre du commerce dans l'exposé des motifs de cette
» disposition , l'inventeur est libre de donner à son pri-
» vilége une durée de cinq, dix ou quinze années , à son
» choix , sa détermination , une fois arrêtée , doit faire sa
» règle comme celle du public. L'industrie, qui le sait, se
» dispose en conséquence ; et lorsque, sur la foi de l'ex-
» piration prochaine d'un privilége , elle s'est préparée,
» à grands frais peut-être, à l'exploitation libre d'une dé-
» couverte dévolue , dans sa pensée, au domaine public,
» il ne faut pas qu'une décision soudaine, même fondée
» sur des titres légitimes, vienne lui enlever le bénéfice de
» la loi. »

Si toutefois une découverte importante , méritant une
grande exception, venait à surgir, le Gouvernement et les
Chambres interviendraient, et une loi serait rendue.

C'est ainsi qu'en Angleterre , malgré le statut de Jacques II, qui ne reconnaissait que des patentes de quatorze
ans, le Parlement a étendu à vingt-cinq années la patente
de Watt.

SECTION III.

Certificats d'Addition.

Art. 16. Le breveté ou les ayant-droit au brevet auront , pendant toute la durée du brevet , le
droit d'apporter à l'invention des changements,
perfectionnements ou additions , en remplissant,
pour le dépôt de la demande, les formalités déterminées par les art. 5, 6 et 7.

Ces changements , perfectionnements ou additions seront constatés par des certificats délivrés dans la même forme que le brevet principal,
et qui produiront , à partir des dates respectives

des demandes et de leur expédition, les mêmes effets que ledit brevet principal, avec lequel ils prendront fin.

Chaque demande de certificat d'addition donnera lieu au paiement d'une taxe de 20 fr.

Les certificats d'addition pris par un des ayant-droit profiteront à tous les autres.

Les mêmes changements, perfectionnements ou additions qui donnent droit, d'après cet article, à un certificat d'addition, pourraient donner lieu également à la délivrance du brevet principal de perfectionnement dont il est question dans l'article suivant.

La différence entre les deux titres n'est pas dans les causes de leur obtention, mais seulement dans le prix qu'ils coûtent et dans les effets qu'ils produisent.

Le certificat d'addition, n'étant que l'accessoire du brevet d'invention, profite à tous les ayant-droit à ce brevet et meurt avec lui. Le brevet de perfectionnement, au contraire, en est tout-à-fait indépendant, quant à sa jouissance et à sa durée. L'un ne coûte que 20 fr., l'autre coûte le même prix que coûterait un brevet d'invention.

« En effet, a dit M. Dupin, rapporteur de la commission à la Chambre des Députés, un perfectionnement, quand il ne se borne pas à un simple changement de forme ou à une insignifiante modification, peut avoir le caractère et souvent l'importance d'une création nouvelle. Seulement, si le changement, l'addition ou le perfectionnement émanent de l'inventeur breveté, celui-ci aura le choix ou de prendre un brevet spécial pour cinq, dix ou quinze ans, ou de se faire délivrer un simple certificat d'addition se rattachant au brevet primitif, et soumis alors à une faible taxe de 20 fr.

« Si c'est un tiers, il lui faut un brevet soumis aux

mêmes formalités, aux mêmes conditions et aux mêmes droits que les brevets primordiaux. »

Chaque demande de certificat d'addition. Encore que le mot *addition* soit mis au singulier, il a été bien entendu, lors de la discussion de la loi à la Chambre des Pairs, qu'une demande pouvait indiquer plusieurs additions, sans donner pour cela lieu au paiement de plusieurs taxes. (Voir le *Moniteur* du 30 mars 1843.)

Art. 17. Tout breveté qui, pour un changement, perfectionnement ou addition, voudra prendre un brevet principal de cinq, dix ou quinze années, au lieu d'un certificat d'addition expirant avec le brevet primitif, devra remplir les formalités prescrites par les art. 5, 6 et 7, et acquitter la taxe mentionnée dans l'article 4.

La commission de la Chambre des Pairs avait ajouté ces mots à l'article 17 : « Sans que ce nouveau brevet puisse » nuire aux droits du public sur l'invention principale » lors de l'expiration du brevet primitif. »

Cette addition a été supprimée sur cette observation de M. le comte d'Argout que, dès qu'on avait commencé par établir que le brevet de perfectionnement durerait un certain nombre d'années, il s'en suivait naturellement que le brevet primitif expirait à la date pour laquelle il avait été pris.

Art. 18. Nul autre que le breveté ou ses ayant-droit, agissant comme il est dit ci-dessus, ne pourra, *pendant une année*, obtenir valablement un brevet pour un changement, perfectionnement ou addition à l'invention qui fait l'objet du brevet primitif.

Néanmoins, toute personne qui voudra prendre un brevet pour changement, addition ou perfectionnement à une découverte déjà brevetée, pourra, dans le cours de ladite année, former une demande qui sera transmise et restera déposée sous cachet au ministère de l'agriculture et du commerce. L'année expirée, le cachet sera brisé et le brevet délivré; toutefois, le breveté principal aura la préférence pour les changements, perfections et additions pour lesquels il aurait lui-même, pendant l'année, demandé un certificat d'addition à un brevet.

Pendant une année. C'est-à-dire pendant la première année à partir de la délivrance du brevet.

On a cherché à concilier, dans cette disposition, les droits privatifs de l'inventeur avec ceux de la société.

Rarement une invention sort complète de la pensée de son auteur, comme Minerve sortit tout armée du cerveau de Jupiter. Tant qu'il n'a travaillé que dans le secret de son cabinet, d'après les seules données de la théorie et suivant une certaine direction d'idées, l'inventeur peut fort bien n'avoir pas aperçu des imperfections, des inconvénients que la pratique lui révélera aussitôt que son invention en subira l'épreuve, et auxquels plus qu'à tout autre il lui sera facile de remédier.

Bien assurément ne pouvait être plus juste que de lui donner le temps et les moyens de perfectionner son œuvre.

Mais, si ces moyens de perfectionnement ne sont pas trouvés par lui et sont trouvés par d'autres, l'industrie devra-t-elle être privée des avantages qu'elle en pourrait tirer?

Non, sans doute ; seulement, il fallait lui donner la préférence sur ces perfectionneurs de profession, qui, incapables de produire des inventions par eux-mêmes , sont habiles à s'emparer des inventions d'autrui, et se montrent toujours prêts à se ruer sur les idées des autres.

Art. 19. Quiconque aura obtenu un brevet pour une découverte, invention ou application, se rattachant à l'objet d'un autre brevet, n'aura aucun droit d'exploiter l'invention déjà brevetée, et, réciproquement, le titulaire du brevet primitif ne pourra exploiter l'invention objet du nouveau brevet.

Cette disposition est empruntée à l'article 8 de la loi du 25 mai 1791, ainsi conçu :

« Si quelque personne annonce un moyen de perfection pour une invention déjà brevetée , elle obtiendra , sur sa demande, un brevet pour l'exercice privatif dudit moyen de perfection, sans qu'il lui soit permis , sous aucun prétexte, d'exécuter ou de faire exécuter l'invention principale, et, réciproquement, sans que l'inventeur puisse faire exécuter par lui-même le nouveau moyen de perfection.

« Ne seront point mis au rang des perfections industrielles les changements de forme ou de proportion, non plus que les ornements de quelque genre que ce puisse être. »

Lors de la discussion de la loi de 1791, M. de Boufflers avait clairement expliqué, dans les termes suivants, l'article que nous venons de rapporter :

« On a cru que le titre accordé à l'auteur de la perfection enlevait au premier auteur de la découverte l'exercice privatif de son titre d'inventeur, mais il n'en est pas ainsi ; l'invention est le sujet, la perfection est une addition. Ces deux choses différentes appartiennent à leurs auteurs respectifs ; l'une est l'arbre, et l'autre est la greffe. Si le premier inventeur veut présenter sa découverte perfectionnée , il doit s'adresser au second, et, réciproquement, le second inventeur ne peut tenir que du premier le sujet auquel il veut appliquer son nouveau genre de perfection ; ils se verront désormais obligés , quoi qu'ils fassent, de travailler l'un pour l'autre, et, dans toutes les suppositions, la société y trouvera son profit ; car , ou bien ils se critiqueront, et alors le public sera plus éclairé, ou bien ils s'accorderont, et alors le public sera mieux servi. »

A ces explications de M. de Boufflers, nous joindrons le passage suivant du *Traité des Brevets d'invention* , de M. Renouard , qui nous paraît résumer parfaitement les principes de la matière, quant à leur application pratique :

« Si le perfectionnement peut se fabriquer séparément et se vendre à part de l'industrie première , chacun des deux artistes sera entièrement libre d'agir de son côté , ainsi que bon lui semblera. Si le perfectionnement, inhérent à l'industrie première , n'en est aucunement séparable et ne peut recevoir d'exécution sans elle , ou bien les deux artistes traiteront ensemble et s'entendront sur leur concours à une fabrication commune, ou bien le premier inventeur , s'en tenant à la seule exploitation pour laquelle il aura été breveté, ne permettra pas que d'autres entrent en partage de l'emploi de sa découverte, et l'application du perfectionnement s'ajournera jusqu'à l'époque où l'invention sera tombée dans le domaine public. »

Tâchons d'élucider davantage encore ces principes au moyen d'un exemple :

« Tout le monde connaît maintenant les lampes dites à hydrogène liquide , qui brûlent des liqueurs alcooliques vaporisées. Le premier inventeur de ces lampes n'avait pas découvert le moyen de régler l'intensité de leur lu-

mière ; mais bientôt un régulateur a été trouvé. C'était là
un perfectionnement ; eh bien ! l'auteur de ce perfectionnement n'a pu empiéter sur les droits de l'inventeur des
lampes, et tout ce qu'il lui est permis de faire, c'est de
vendre son régulateur isolément, pour que ceux qui achè-
tent les lampes à l'inventeur puissent l'y adapter. Si, ce
que nous ignorons, le régulateur a besoin, pour être adapté
à la lampe, d'être fabriqué avec elle, il faudra, de toute
nécessité, que l'inventeur du régulateur s'associe avec
l'inventeur de la lampe, ou qu'il attende, pour exploiter
son brevet de perfectionnement, que le brevet obtenu
pour la lampe soit tombé dans le domaine public. »

Le dernier paragraphe de l'article 8 de la loi de 1791
n'est pas reproduit dans la loi actuelle ; faudrait-il en conclure qu'un simple changement de forme ou de proportion, qu'un ornement quelconque puisse être, plus sous la
loi actuelle que sous l'empire de la loi de 1791, considéré
comme un perfectionnement industriel ? Non, évidemment ; et voici en quels termes s'est exprimé à cet égard
M. le marquis de Barthélemy, rapporteur de la commission à la Chambre des Pairs :

« Les changements de forme ou de proportion, non
plus que les ornements, ne constituent pas des inventions, à moins toutefois que ces changements de forme
ne produisent des effets nouveaux, ainsi qu'il peut arriver pour certains produits d'optique, la loi n'ayant
voulu breveter que les inventeurs. Les auteurs de ces
changements, qui n'apportent rien de plus, rien de nouveau à la société, doivent-ils jouir du privilége qui est
réservé aux découvertes ? Non, sans doute. Cela parut si évident au Gouvernement, qu'il n'a pas reproduit, dans son
projet, la disposition contenue dans le dernier paragraphe
de l'article 8 de la loi du 25 mai. Votre commission, après
avoir hésité quelque temps avant de se décider à ne pas

la reprendre avec la modification ci-dessus énoncée, y a renoncé par le même motif. Elle m'a chargé d'en faire une mention expresse dans le rapport. »

SECTION IV.

De l'Exploitation et de la Cession des Brevets.

Art. 20. Tout breveté pourra céder la totalité ou *partie de la propriété de son brevet.*

La cession totale ou partielle d'un brevet, soit à titre gratuit, soit à titre onéreux, ne pourra être faite que par acte notarié, et *après le paiement de la totalité de la taxe déterminée par l'article 4.*

Aucune cession ne sera valable à l'égard des tiers qu'*après avoir été enregistrée* au secrétariat de la préfecture du département où l'acte aura été passé.

L'enregistrement des cessions et de tous autres actes emportant mutation sera fait sur la production et le dépôt d'un extrait authentique de l'acte de cession ou de mutation.

Une expédition de chaque procès-verbal d'enregistrement, accompagnée de l'extrait de l'acte ci-dessus mentionné, sera transmise par les préfets au ministre de l'agriculture et du commerce dans les cinq jours de la date du procès-verbal.

Partie de la propriété de son brevet. La cession partielle d'un brevet peut porter sur l'abandon du droit de l'exploiter sur une partie du territoire, ou sur l'abandon d'une portion aliquote des bénéfices de son exploitation ;

mais la découverte objet du brevet peut-elle être divisée? Si, par exemple, un individu s'est fait breveter pour
une machine perfectionnée dans plusieurs de ses organes,
pourra-t-il céder le perfectionnement d'un organe à l'un,
et à l'autre le perfectionnement d'un autre organe?

La Commission de la Chambre des Pairs avait voulu,
par un amendement, interdire au breveté cette faculté,
dans la crainte d'encourager les inventeurs à violer la disposition de l'article 6, qui veut que la demande d'un
brevet soit limitée à un seul objet principal ; mais on a
craint de gêner le breveté dans l'exercice de ses droits,
et l'amendement de la commission a été rejeté.

Indépendamment du droit de faire la cession totale ou
partielle de la propriété de son brevet, ce qui suppose la
formalité sacramentelle d'une ordonnance royale, ainsi
que nous le verrons à l'article suivant, le breveté pourra
toujours, comme par le passé, sans se dessaisir de la nue-
propriété du brevet, se borner à autoriser un tiers à s'en
servir.

Cette faculté, qui était de droit, lui a été, sur une in-
terpellation de M. Delespaul, expressément reconnue par
le rapporteur de la commission à la Chambre des Députés.

Dans ce dernier cas, il n'est pas besoin d'une ordonnance royale, car il n'y a pas cession proprement dite.
Le breveté conserve seul le droit de poursuivre les contrefacteurs, lui seul reste chargé de répondre aux actions
en nullité ou en déchéance dont son brevet pourrait être
l'objet. Il n'a fait qu'une chose, il a autorisé un tiers à
se servir de son brevet ; il a conféré une licence, une faculté, rien de plus. (Voir le *Moniteur* du 16 avril 1844.)

*Après le paiement de la totalité de la taxe déterminée
par l'article 4.* Cette dernière disposition a été ajoutée au
deuxième paragraphe de l'article 21 par la commission de
la Chambre des Députés, en conséquence du vote qui,

dans l'article 4, avait introduit le système du paiement de la taxe par annuités.

Il ne fallait pas qu'un breveté pût laisser tomber en déchéance, par défaut de paiement des annuités, un titre dont il se serait fait payer intégralement le prix par un ou plusieurs cessionnaires.

Il est vrai que cette disposition atténuera beaucoup pour les inventeurs les avantages du paiement de la taxe par annuités ; mais ordinairement, lorsque l'on fait la cession d'un brevet, c'est que l'invention a réussi, et c'est surtout en vue des inventions dont le succès est encore incertain que le bienfait du paiement par annuités a été établi.

Qu'après avoir été enregistré. L'authenticité et l'enregistrement des cessions de brevets sont exigés dans l'intérêt des tiers et pour prévenir la fraude qui, en cette matière, serait trop facile si les droits résultant d'un brevet pouvaient se transmettre sans que rien avertît les tiers du transport.

Un breveté pourrait vendre son brevet à deux ou plusieurs personnes différentes, et s'en faire payer plusieurs fois le prix.

De ce que ces formalités sont exigées dans l'intérêt des tiers, il s'en suit qu'eux seuls pourraient se prévaloir de leur inobservation, et que ni le cédant, ni le cessionnaire, ni les héritiers de l'un ou de l'autre ne seraient recevables à l'invoquer. (Ainsi jugé par un arrêt de la Cour de Cassation du 20 novembre 1822, rapporté par M. Dalloz, tome 2, page 265.)

Art. 21. Il sera tenu, au ministère de l'agriculture et du commerce, un registre sur lequel seront inscrites les mutations intervenues sur chaque brevet, et, tous les trois mois, une ordonnance royale proclamera , dans la forme déterminée par l'article 15 , les mutations enregistrées pendant le trimestre expiré.

Nous verrons , article 38 , qu'en cas de poursuites en déchéance , tous les ayant-droit au brevet , dont les titres seront enregistrés au ministère de l'agriculture et du commerce , devront être mis en cause.

Art. 22. Les cessionnaires d'un brevet , et ceux qui auront acquis d'un breveté ou de ses ayant-droit la faculté d'exploiter la découverte ou l'invention , profiteront de plein droit des certificats d'addition qui leur seront ultérieurement délivrés. Ils pourront en lever une expédition au ministère de l'agriculture et du commerce, moyennant un droit de 20 fr.

Réciproquement , le breveté ou ses ayant-droit profiteront des certificats d'addition qui seront ultérieurement délivrés à ceux qui auront acquis la faculté d'exploiter la découverte ou l'invention.

Les certificats d'addition s'incorporent avec les brevets et ne font plus qu'un avec eux. C'est en vertu de ce principe que , suivant l'article 16 , ceux qui sont demandés par un des ayant-droit seulement profitent à tous les autres. C'est aussi en vertu de ce même principe que , d'après l'article qui nous occupe , les cessionnaires d'un brevet jouissent de plein droit des certificats d'addition qui sont délivrés au breveté , comme , réciproquement , le breveté jouit de ceux qui sont ultérieurement délivrés à ses cessionnaires.

Il n'en est pas de même des brevets de perfectionnement.

Ceux-là ont une existence distincte et séparée. Ils ne font point corps avec le brevet principal, ne meurent point avec lui, et la disposition de l'article 23 ne leur est point applicable.

C'est ce qui a été très-expressément reconnu à la Chambre des Députés, à la suite d'une longue et vive discussion soulevée par un amendement de M. Marie, qui voulait que les cessionnaires ne profitassent des certificats d'addition qu'à la charge de payer une indemnité proportionnelle à l'importance du perfectionnement.

Pour combattre cet amendement, motivé sur le besoin d'encourager les inventeurs à perfectionner leur œuvre, le rapporteur de la commission a déclaré que le but de l'article 23 était de prévenir la fraude que pouvait commettre un inventeur qui vendrait son brevet, ayant déjà dans sa pensée un perfectionnement pour lequel il pourrait, dès le lendemain, prendre un certificat d'addition, et mettrait ainsi son cessionnaire dans la nécessité de subir sa loi.

Mais à cela on a fait observer que le but qu'on signalait n'était pas entièrement rempli par la disposition de l'article 23, puisque, pour commettre la fraude qu'on avait voulu prévenir, il suffirait à l'inventeur de prendre, au lieu d'un simple certificat d'addition, un brevet de perfectionnement qui, à la vérité, lui coûterait plus cher, mais qu'il pourrait vendre.

Cette objection est restée sans réponse, car il a fallu reconnaître qu'entre le certificat d'addition et le brevet de perfectionnement, il n'y avait de différence réelle que dans la taxe et la durée, le titulaire du brevet primitif pouvant toujours, à son gré, se munir de l'un ou de l'autre de ces deux titres. Seulement, il a été bien entendu que, toutes les fois qu'il serait pris un certificat d'addition, ce certificat d'addition suivrait le sort du brevet principal et passerait au cessionnaire, tandis que le brevet de perfectionnement demeurerait la propriété exclusive de celui qui l'aurait obtenu. D'après cette déclaration, faite en termes explicites par le rapporteur de la commission, M. Marie a retiré son amendement.

Dans le projet du Gouvernement, l'article qui nous occupe contenait un paragraphe portant qu'à moins de conventions contraires les acquéreurs d'objets brevetés auraient le droit d'appliquer ou de faire appliquer à ces objets les changements, perfectionnements ou additions garantis par les certificats délivrés par le ministre.

Cette disposition a été rejetée par la commission de la Chambre des Pairs, en vue des difficultés d'exécution et des abus auxquels elle aurait pu donner lieu. On a craint que si des ouvriers étrangers à l'atelier du breveté pouvaient ajouter aux choses achetées, les changements, perfectionnements et additions garantis au breveté par la puissance publique, des ateliers de contrefaçon ne s'élevassent de toutes parts, et on a pensé, avec raison, que l'unité d'atelier pour la confection des objets privilégiés était la meilleure garantie que pût avoir un inventeur. (Voir le rapport de M. le marquis de Barthélemy à la Chambre des Pairs, *Moniteur* du 22 mars 1843.)

SECTION V.

De la Communication et de la Publication des descriptions et dessins de Brevets.

Art. 23. Les descriptions, dessins, échantillons et modèles des brevets délivrés, resteront, jusqu'à l'expiration des brevets, déposés au ministère de l'agriculture et du commerce, où ils seront communiqués, sans frais, à toute réquisition.

Toute personne pourra obtenir à ses frais

copie desdites descriptions et dessins, suivant les formes qui seront déterminées dans le réglement rendu en exécution de l'article 80.

Seront communiqués. Tous les fabricants ont intérêt à connaître les industries brevetées, pour ne pas violer les priviléges consacrés par des brevets et ne pas s'exposer à des poursuites en contrefaçon.

Art. 24. Après le paiement de la deuxième annuité, les descriptions et dessins *seront publiés, soit textuellement, soit par extrait.*

Il sera en outre publié, au commencement de chaque année, un catalogue contenant les titres des brevets délivrés dans le courant de l'année précédente.

Seront publiés. La communication dans les bureaux dont il est question à l'article précédent ne peut guère profiter aux industriels de la province ; elle n'a d'utilité réelle que pour ceux de la capitale.

La publication voulue par notre article n'avait lieu, d'après la législation antérieure, qu'après la déchéance ou l'expiration des brevets, à mesure qu'ils tombaient dans le domaine public.

Cette publication, faite pendant la durée des brevets, est une heureuse innovation qui, comme l'a dit le ministre du commerce dans l'exposé des motifs du projet de loi, « mettra la société à même de mieux étudier les inven- » tions nouvelles, soit pour en perfectionner les applica- » tions pendant la durée des priviléges, soit pour en pré- » parer l'exploitation après leur expiration. Les inven- » teurs n'ont rien à perdre dans l'adoption de cette me- » sure, puisque la communication actuelle des brevets » met leurs moyens à la disposition du public ; mais la

« société y gagnera considérablement , et les Tribunaux
« se montreront certainement plus sévères quand les con-
« trefacteurs ne pourront plus invoquer leur ignorance. »

Soit textuellement, soit par extrait. Le ministre du
commerce a promis à la Chambre des Députés qu'on ne
ferait les publications par extrait que pour ces brevets
tout-à-fait déraisonnables que la loi ne permet pas de
refuser à ceux qui les demandent , mais qui ne peuvent
avoir évidemment aucun résultat ; que, pour tous les autres, la publication se ferait toujours textuellement.

Il a été également bien entendu que l'on pourrait toujours prendre communication de la totalité des descriptions et dessins qui ne seraient publiés que par extrait.

Art. 25. Le recueil des descriptions et le catalogue publié en exécution de l'article précédent
seront déposés au ministère de l'agriculture et
du commerce et au secrétariat de la préfecture
de chaque département, où ils pourront être consultés sans frais.

Art. 26. A l'expiration des brevets , les originaux des descriptions et dessins *seront déposés
au Conservatoire royal des Arts-et-Métiers.*

Seront déposés au Conservatoire. Il faut bien que ceux
qui veulent se faire breveter sachent s'ils n'ont pas été
devancés dans leur découverte et dans l'obtention d'un
brevet.

Ces descriptions et dessins peuvent être d'ailleurs un
utile objet d'étude ; leur publicité est une école d'industrie
ouverte à tous. Il suffira aux intérêts des brevetés qu'on
ne puisse exploiter leur découverte. (Rapport de **M. Dupin**
à la Chambre des Députés, *Moniteur* du 7 juillet 1843.)

TITRE III.

DES DROITS DES ÉTRANGERS.

Art. 27. Les étrangers pourront obtenir en France des brevets d'invention.

Art. 28. Les formalités et conditions déterminées par la présente loi seront applicables aux brevets demandés ou délivrés en exécution de l'article précédent.

Art. 29. L'auteur d'une invention ou découverte déjà brevetée à l'étranger pourra obtenir un brevet en France. Mais la durée de ce brevet ne pourra excéder celle des brevets antérieurement pris à l'étranger.

Sous l'empire de la loi de 1791, il était permis à un Français d'importer un brevet de l'étranger en France, et d'obtenir en France un brevet d'importation. Au moyen de ce brevet, il avait le monopole de l'industrie comme s'il avait été l'auteur primitif de l'invention.

La présente loi supprime les brevets d'importation. On a pensé que, dans l'état actuel de nos rapports avec les différents pays de l'Europe, il était toujours facile d'avoir communication des inventions étrangères et de les importer en France ; qu'il n'était donc plus nécessaire de conférer à l'importateur un brevet et un monopole.

Mais ce droit d'importation refusé aux Français, l'article 27 ne l'accorde-t-il pas aux étrangers ?

Non. Il faut remarquer que l'article 29 n'est applicable qu'à l'étranger inventeur, comme il devrait aussi être appliqué au Français *auteur* d'une invention ou découverte qu'il aurait fait breveter à l'étranger avant de la faire breveter en France.

Le Français auquel on donnait un brevet d'importation, sous l'empire de la loi de 1791, n'avait rien inventé. C'était comme prix de la course, comme rémunération de voyage, qu'on lui accordait un brevet.

Le projet du Gouvernement n'accordait à l'étranger déjà breveté dans son pays le droit de prendre un brevet en France qu'à la condition que la réciprocité fût accordée aux Français par les lois de la nation à laquelle cet étranger appartenait.

Après de longues discussions dans les deux Chambres, cette condition a été supprimée.

On a fait observer qu'en fait, la réciprocité existait presque partout : car la Prusse est actuellement le seul pays où les étrangers ne puissent se faire breveter ; d'un autre côté, l'étranger aurait toujours eu un moyen facile d'éluder la loi en prenant son brevet en France avant de le prendre dans son pays.

Il est, toutefois, des étrangers qui ne pourront profiter du bienfait de notre article : ce sont ceux qui auraient été brevetés dans des pays où, comme en Russie, par exemple, les descriptions jointes aux demandes de brevets sont publiées immédiatement après la concession ; car, aux termes de l'article 31, cette publicité empêche l'invention de pouvoir être considérée comme nouvelle.

La dernière disposition de l'article 29 s'explique d'elle-même.

Si la durée du brevet pris en France pouvait excéder celle du brevet pris à l'étranger, il en résulterait qu'on pourrait fabriquer aisément à l'étranger des objets qui seraient encore privilégiés en France. « Il ne faut pas, a dit le rapporteur de la commission de la Chambre des Députés, que la protection accordée par la France devienne pour elle une cause d'infériorité, et que, dans son sein, on enchaîne, par le monopole, ce qui partout ailleurs serait libre de cette entrave. »

Si un brevet avait été pris à l'étranger pour plus de quinze ans, pourrait-il être pris en France pour le même laps de temps? Non, sans doute; lorsqu'on dit qu'un étranger peut obtenir un brevet en France, il est clair qu'il ne peut l'obtenir que dans les limites de la loi française. C'est parce que cela a paru évident que la Chambre des Députés a rejeté un amendement de M. Taillandier, qui aurait consisté à ajouter à l'article 29 ces mots : « Sans pouvoir excéder, toutefois, les limites fixées par « l'article 4. »

L'article 5, paragraphe 16, de la loi du 7 janvier 1791, interdisait au Français qui avait pris un brevet en France la faculté d'en prendre un à l'étranger, à peine de déchéance. Il en résultait que lorsqu'une industrie se trouvait en France dans les liens d'un brevet et sous les inconvénients d'un monopole, elle était libre à l'étranger, où le Français ne pouvait se faire breveter.

Cette disposition, qui avait été l'objet de fréquentes et justes critiques, n'est pas reproduite dans la loi actuelle.

TITRE IV.

DES NULLITÉS ET DÉCHÉANCES, ET DES ACTIONS Y RELATIVES.

SECTION Ire.

Des Nullités et Déchéances.

Art. 30. Seront nuls et de nul effet les brevets délivrés dans les cas suivants, savoir :

1° Si la découverte, invention ou application *n'est pas nouvelle*;

2° Si la découverte, invention ou application n'est pas, aux termes de l'article 3, susceptible d'être brevetée ;

3° Si les brevets portent *sur des principes, méthodes, systèmes* ou des découvertes et conceptions théoriques ou purement scientifiques *dont on n'a pas indiqué les applications industrielles ;*

4° Si la découverte, invention ou application, est reconnue contraire à l'ordre ou à la sûreté publique, aux bonnes mœurs ou aux lois du royaume, sans préjudice, dans ce cas et dans celui du paragraphe précédent, des peines qui pourraient être encourues pour *la fabrication ou le débit d'objets prohibés ;*

5° Si le titre sous lequel le brevet a été demandé *indique frauduleusement* un objet autre que le véritable objet de l'invention ;

6° *Si la description jointe au brevet* n'est pas suffisante pour l'exécution de l'invention, ou si elle n'indique pas, d'une manière complète et loyale, les véritables moyens de l'inventeur ;

7° Si le brevet a été obtenu contrairement aux dispositions de l'article 18 ;

Seront également nuls et de nul effet les certificats comprenant des changements, perfectionnements ou additions *qui ne se rattacheraient pas au brevet principal.*

N'est pas nouvelle. Le principe de cette déchéance est tellement absolu, qu'il pourrait être invoqué par celui-là même qui, postérieurement à la délivrance du brevet attaqué, en aurait sollicité un pour la même découverte, et aurait, par là, implicitement reconnu que cette découverte n'était pas tombée dans le domaine public. (Arrêt de Cassation du 4 juin 1839. Sirey, tome 39, page 708.)

La disposition qui nous occupe serait applicable, et la déchéance pour défaut de nouveauté serait encourue, alors même que la publicité de l'invention, antérieurement à la délivrance du brevet, serait provenue du fait de l'inventeur lui-même (arrêt de Cassation du 20 février 1806), ou que le secret de la découverte aurait été frauduleusement soustrait à son auteur. (Voir un arrêt de Cassation du 10 février 1806, rapporté par Dalloz, *Jurisp. génér.*, tome 2, page 263.) Seulement, dans ce dernier cas, M. Renouard pense que l'inventeur spolié pourrait se faire subroger dans les priviléges du brevet, et, encore que cette opinion ne s'appuie sur aucun texte de loi, elle est tellement équitable, que nous nous sentons très-disposé à la partager.

Sur des méthodes, principes, systèmes. Il a déjà été jugé plusieurs fois, sous l'empire de la loi de 1791, que la découverte d'une méthode de lecture ou d'écriture plus ou moins expéditive ne pourrait être valablement brevetée :

« Attendu, porte l'un de ces arrêts, que l'enseignement
» est évidemment du domaine de l'intelligence, et que ce
» qui appartient à l'entendement humain, sans le concours
» d'objets matériels, ne peut être une propriété privilégiée,
» puisqu'on ne saurait priver celui qui sait d'user de sa
» science, de la communiquer, et qu'aucune voie légale ne
» peut être ouverte contre celui qui a enrichi son intel-
» ligence de la science d'un autre. » (Arrêt de la Cour royale de Grenoble du 12 juin 1830. Sirey, 2ᵉ partie, t. 32, page 11.)

Dont on n'aura pas indiqué les applications industrielles. Ces derniers mots ont été ajoutés au troisième paragraphe de l'article 30 par la Chambre des Députés, sur la proposition de M. Arago, à la suite d'une discussion dans laquelle plusieurs exemples avaient été cités par le savant professeur, d'inventions fort notables qui avaient amené dans les arts de précieux résultats, mais qui, considérées en elles-mêmes, ne consistaient que dans des idées purement scientifiques ou théoriques.

« Ainsi, avait dit M. Arago, le premier perfectionnement apporté par Watt à la machine à vapeur, la condensation de la vapeur dans un vase séparé du cylindre où le piston se meut, ne fut long-temps considéré par les hommes les plus éminents que comme une idée purement théorique. Pour faire de la vis d'Archimède, qui ne servait qu'à élever les eaux, un excellent ventilateur, il a suffi de penser à la faire tourner en sens contraire. La lampe entourée d'une toile métallique était depuis bien long-temps en usage dans les campagnes, quand Humphrey-Davy découvrit, à la suite d'un travail plein de génie, les propriétés qui la rendent si précieuse dans l'exploitation des mines. L'idée de revêtir le fer de zinc, pour le soustraire à la rouille, avait été publiée il y a une centaine d'années; mais tout récemment un ingénieur français, M. Sorel, éclairé par la grande découverte de Volta, inventa des tubes qui, zingués à l'extérieur seulement, ne peuvent s'oxider à leur intérieur. »

Dans ces différents cas, l'invention repose sur une idée théorique ou scientifique, mais qui trouve, dans les arts, une utile application.

Toutefois, la rédaction adoptée pour le troisième paragraphe de l'article 30 nous paraît manquer de justesse.

Que, pour faire breveter une idée scientifique, il suffise de lui indiquer une application industrielle, cela se conçoit, parce que le brevet est délivré par l'Administration sans examen préalable; mais, pour échapper à l'action en nullité, il faudra quelque chose de plus, il faudra que l'application indiquée soit réelle.

La fabrication ou le débit d'objets prohibés. Ainsi, le

code pénal défend la fabrication de certaines armes. Les lois sur la police de la pharmacie interdisent la vente de certaines drogues.

Indique frauduleusement. Ainsi, c'est seulement l'intention mauvaise et malicieuse que la loi veut punir par la déchéance du brevet.

Cette considération a fait changer la rédaction du paragraphe, qui, primitivement, était la suivante :

« Si le titre sous lequel le brevet a été demandé est faux ou indique frauduleusement un objet autre que le véritable objet de l'invention. »

Si la description jointe au brevet. « En principe, la description doit contenir la désignation claire, précise, loyale et suffisante, des moyens du breveté, la nullité pouvant également se trouver, soit dans ce qui manquerait, soit dans ce qui aurait été ajouté au-delà de ce qui est nécessaire, si de l'insuffisance ou de l'excès résultait l'impossibilité d'exécuter l'invention. » (Exposé des motifs, *Moniteur* du 13 janvier 1843.)

« Les Tribunaux apprécieront les circonstances ; nous nous contenterons de dire en principe général, avec les lois allemandes, qu'il faut que la description des moyens et des procédés employés soit suffisante pour rendre l'exécution possible à un simple ouvrier, s'il s'agit de choses de sa compétence, ou à un homme de l'art, s'il s'agit d'objets qui l'excèdent et ne doivent pas être faits habituellement par un manœuvre. » (Rapport de la commission à la Chambre des Pairs, *Moniteur* du 22 mars 1843.)

Contrairement aux dispositions de l'article 18. Cette disposition peut avoir des conséquences fort graves et sur lesquelles il est à propos d'appeler l'attention des inventeurs.

Souvent une découverte n'attend, pour acquérir une grande importance, qu'un léger perfectionnement que son auteur ne trouve pas tout de suite. Avant d'avoir trouvé ce perfectionnement, qui seul peut donner à sa découverte une véritable utilité, l'inventeur hésite à prendre un brevet ; mais que pourra-t-il arriver ? Un de ces perfectionneurs dont nous avons parlé plus haut, un de ces plagiaires industriels qui, sans avoir le génie d'inventer, ont l'esprit de s'emparer des inventions des autres, a connaissance des recherches de notre inventeur ; vite il prend un brevet pour la découverte encore incomplète dont il a surpris le secret. Le véritable inventeur arrive bientôt après lui avec le perfectionnement qu'il attendait. Sous l'ancienne loi, il n'aurait pas obtenu un brevet d'invention, mais il aurait eu un brevet de perfectionnement, et tout le mérite de la découverte, consistant dans le perfectionnement, lui seul en aurait bénéficié. Sous la loi actuelle, il n'en sera pas ainsi. Le véritable inventeur, qui, dans notre hypothèse, ne sera considéré que comme un perfectionneur, ne pourra même pas, avant un an, obtenir un brevet de perfectionnement, et encore ce brevet ne lui sera-t-il pas accordé si, pendant l'année, celui qui s'est emparé de sa découverte parvient à trouver son perfectionnement.

Nous croyons devoir signaler ce danger aux industriels, afin qu'ils redoublent de vigilance pour conserver le secret de leurs recherches, et ne diffèrent pas trop long-temps à se faire breveter quand ils se verront sur la voie du succès.

Qui ne se rattacheraient pas au brevet principal. Les additions doivent toujours se rattacher à l'objet principal, car autrement la loi serait aisément violée, et, sous le prétexte de certificats d'addition, on prendrait des brevets principaux, on ne paierait pas la taxe, et on exposerait les tiers à des inconvénients fort graves.

Art. 31. Ne sera pas réputée nouvelle, toute découverte, invention ou application, qui, en France ou à l'étranger, et antérieurement à la date du dépôt de la demande, aura reçu une publicité suffisante pour pouvoir être exécutée.

« Les avantages du monopole accordé au breveté sont
« le prix d'une révélation industrielle dont il dote la so-
« ciété ; mais la société ne lui doit rien si elle ne reçoit
« rien de lui. Le brevet serait alors un effet sans cause. »
(Rapport de la commission de la Chambre des Députés,
Moniteur du 7 juillet 1843.)

La loi du 7 juillet 1791 portait, article 16, § 3: « Tout
» inventeur, en se disant tel, qui sera convaincu d'avoir
» obtenu une patente pour des découvertes déjà consi-
» gnées et décrites dans des ouvrages imprimés et publiés,
» sera déchu de sa patente. »

Il semblait résulter de cette disposition qu'il ne suffi-
sait pas que le procédé fût connu avant l'obtention du
brevet pour qu'il y eût déchéance, mais qu'il fallait encore qu'il fût connu *au moyen de livres publiés et imprimés.*

Aussi jugeait-on que les Tribunaux Civils, saisis d'une
action principale en déchéance de brevet, ne pouvaient
admettre la preuve testimoniale pour établir la publicité
de l'invention antérieurement au brevet. Seulement, cette
preuve était admise devant les justices-de-paix, lorsque la
déchéance était invoquée incidemment comme moyen de
défense à des poursuites en contrefaçon.

Aujourd'hui, cette distinction ne pourra plus être faite,
et la preuve testimoniale sera toujours reçue sur le fait
de la publicité ; car, d'après la loi actuelle, peu importe
de quelle manière le procédé est venu à la connaissance
du public pour que le brevet, pris à raison de ce procédé,
soit frappé de déchéance, et tout se réduit à savoir si,

avant le brevet, le procédé était assez public pour pouvoir être exécuté ; or, c'est là un point de fait qui ne peut évidemment se prouver que par témoins.

Art. 32. Sera déchu de tous ses droits :

1° Le breveté *qui n'aura pas acquitté son annuité* avant le commencement de chacune des années de la durée de son brevet ;

2° Le breveté *qui n'aura pas mis en exploitation* sa découverte ou invention en France dans le délai de deux ans, à dater du jour de la signature du brevet, ou qui aura cessé de l'exploiter pendant deux années consécutives, à moins que, dans l'un ou l'autre cas, il ne justifie des causes de son inaction ;

3° Le breveté *qui aura introduit en France* des objets fabriqués en pays étranger et semblables à ceux qui sont garantis par son brevet.

Sont exceptés des dispositions du précédent paragraphe les modèles des machines dont le ministre de l'agriculture et du commerce pourra autoriser l'introduction dans le cas prévu par l'article 29.

Qui n'aura pas acquitté son annuité. Cette déchéance peut-elle être opposée par des tiers, ou ne peut-elle l'être que par l'Administration ?

La question était controversée sous l'ancienne loi. Un arrêt de la Cour Royale de Paris du 13 août 1840 (S. 40, 2, 435) l'avait résolue par la négative, sur le motif que la taxe était introduite dans l'intérêt de l'Etat, qui avait droit d'en faire remise pour tout ou partie, et pouvait, à bien plus forte raison, donner des délais et accorder des facilités pour l'acquitter.

M. Edmond Blanc, *Traité de la Contrefaçon*, page 1779 ;
M. Carré, *Justices-de-paix*, n° 79, et M. Henrion de Pansey, *Compétence des Juges-de-paix*, page 544, soutenaient
une opinion contraire.

Le texte de la nouvelle loi nous paraît tout-à-fait conforme à cette dernière opinion.

L'article 34 dispose, en effet, d'une manière absolue,
que l'action en nullité et l'action en déchéance pourront
être exercées par toute personne y ayant intérêt ; or, la généralité des termes de cet article frappe évidemment, sans
distinction, sur les différents cas de déchéance énumérés
dans l'article 32.

Qui n'aura pas mis en exploitation. Le paragraphe 4,
article 16 de la loi du 7 janvier 1791, contenait la même
disposition.

Un jugement du Tribunal de la Seine, du 11 mai 1836,
a jugé qu'une invention mécanique pouvait être réputée
avoir été mise en activité dans les deux ans du brevet d'invention, lorsque, dans cet espace de temps, une des machines avait été admise à l'Exposition de l'Industrie Française,
et qu'une autre avait été vendue, si, d'ailleurs, il n'était
pas établi que d'autres commandes eussent été faites à
l'inventeur, et que celui-ci eût refusé d'y satisfaire.

Il y a eu pourvoi contre ce jugement et arrêt de rejet
du 13 juin 1837. (S. 38, 1, 55.)

La Cour Royale de Rouen vient de juger, dans l'affaire
Perrot contre Dubosc, que, pour échapper à la déchéance,
l'inventeur d'une machine ne pouvait être contraint à exécuter sa découverte sous toutes les formes analogues entre
elles qu'il avait prévues et décrites dans son brevet. (Arrêt
du 4 juillet 1844.)

Justifie des causes de son inaction. Comme seraient,
par exemple, une maladie, une absence, le défaut de ressources pécuniaires, les caprices de la mode, etc.

Ces exemples ont été indiqués à la Chambre des Députés par M. Delespaul, sur la proposition duquel les derniers mots du paragraphe ont été substitués à ceux-ci, qui étaient dans le projet : « S'il ne justifie *d'empêchements* » *de force majeure.* »

Dans le projet du Gouvernement, le breveté était obligé, pour échapper à l'action de déchéance, *d'exploiter d'une manière effective et continue.* Ces mots ont été retranchés.

Il sera prudent aux brevetés de faire authentiquement constater, avant l'expiration des deux années, l'existence des motifs propres à justifier leur inactivité. M. Renouard pense qu'ils peuvent, dans ce cas, s'adresser à l'Administration, non pour l'établir juge de la validité de ces motifs, dont les Tribunaux seuls peuvent être appréciateurs, mais pour lui demander acte de leurs déclarations, ou même pour obtenir d'elle la faveur d'une enquête.

Qui aura introduit en France. « La loi ne peut permettre que le brevet ne serve qu'à créer à l'inventeur un monopole à l'aide duquel il puisse, sans concurrence et au préjudice du travail national, introduire et débiter en France des produits fabriqués à l'étranger. La peine de la déchéance prononcée contre cette fraude préviendra un abus contre lequel des réclamations se sont élevées avec raison. » (Exposé des motifs, *Moniteur* du 13 janvier 1843.)

« Art. 35. Quiconque, dans des enseignes, annonces, prospectus, affiches, marques ou estampilles, prendra la qualité de *breveté*, sans posséder un brevet délivré conformément aux lois, ou après l'expiration d'un brevet antérieur, ou qui, étant breveté, mentionnera sa qualité de breveté ou son brevet, sans y ajouter ces mots : « sans garantie du Gouvernement, » sera puni d'une amende de 50 fr. à 1,000 fr.

« En cas de récidive, l'amende poura être portée au double. »

Les brevets d'invention étant toujours accordés par l'Administration sans examen préalable des procédés auxquels ils s'appliquent, on conçoit fort bien qu'ils ne doivent pas être pour ces procédés des titres de recommandation auprès du public. Le brevet prouve, à la vérité, que l'inventeur a voulu se réserver, pendant un certain temps, l'exploitation exclusive de sa découverte ; mais il ne prouve rien en faveur de cette découverte, qui peut être, quoique brevetée, fort insignifiante et même fort nuisible. Aussi, quand nous voyons des marchands ou fabricants étaler avec emphase, sur leurs enseignes ou dans leurs annonces, leur titre de *breveté*, *breveté du roi*, nous ne pouvons nous refuser à croire qu'ils veulent, par ce moyen, en imposer à la crédulité publique, et spéculer sur une opinion faussement répandue qui attache à ce titre une valeur qu'il n'a pas.

Déjà, à la fin du dernier siècle, le Gouvernement avait eu à déplorer ces abus du charlatanisme, et, pour leur ôter tout prétexte, l'arrêté des consuls du 5 vendémiaire an IX (27 septembre 1800) avait voulu que la déclaration suivante fût insérée sur chaque expédition de brevet :

« Le Gouvernement, en accordant un brevet d'inven-
» tion sans examen préalable, n'entend garantir, en au-
» cune manière, ni la priorité, ni le mérite, ni le succès
» d'une invention. »

La mesure prise par notre article sera, sans doute, plus efficace que celle tentée en l'an IX, et il est à croire que, lorsqu'au titre de breveté les inventeurs seront obligés de joindre ces mots : « sans garantie du Gouvernement », ils ne mentionneront plus leurs brevets que dans le seul but pour lequel il est légitime de le faire, c'est-à-dire pour prévenir la contrefaçon.

SECTION II.

Des Actions en nullité et en déchéance.

Art. 34. L'action en nullité et l'action en déchéance pourront être exercées par *toute personne y ayant intérêt.*

Ces actions, ainsi que toutes contestations relatives à la propriété des brevets, seront portées devant les Tribunaux Civils de première instance.

Toute personne y ayant intérêt. Quelles personnes pourront être considérées comme ayant intérêt à exercer l'action en nullité ou en déchéance? Seront-ce seulement celles qui auront contrefait l'objet breveté et se verront exposées à une plainte en contrefaçon, ou bien fera-t-on résulter l'intérêt de la seule intention de fabriquer l'objet breveté? Mais, s'il en est ainsi, il faudra admettre l'action de la part de tous ceux qui voudront la former; car il n'est personne qui ne puisse dire avoir l'intention de se livrer à tel ou tel genre de fabrication.

A ces observations, présentées à la Chambre des Députés par M. Vivien, le rapporteur de la commission a répondu :

« La pensée qui a présidé à la rédaction du projet est
» celle-ci : En France, on ne connaît pas d'action publi-
» que exercée par de simples citoyens; ce serait le seul
» exemple où un particulier serait admis, dans un intérêt
» social et non personnel, à intenter une action devant
» les Tribunaux; ce serait une chose exorbitante d'intro-
» duire une disposition aussi anormale dans nos lois.

» On a donc réduit le droit de demander la déchéance
» au cas où le demandeur avait un intérêt personnel.
» Mais l'intérêt peut être dans l'avenir comme dans le
» passé ou dans le présent.

» Ainsi, un fabricant voudra faire usage d'une machine
» brevetée ; par exemple , un marchand de drap voudra
» se servir de ce qu'on appelle une tondeuse , il aura
» droit d'attaquer celui qui, sans droit, aurait pris un bre-
» vet pour cette machine.

» Mais il faut qu'il y ait un intérêt réel, sérieux, justi-
» fié ; les Tribunaux l'apprécieront. La loi ne peut le dé-
» terminer à l'avance.

» Autrement, on verrait des spéculateurs d'une nou-
» velle espèce faire métier de plaider contre les personnes
» brevetées. Ce serait une nouvelle guerre d'industrie que
» la Chambre, sans doute, ne voudra pas encourager. »

A la Chambre des Pairs , M. le marquis de Barthélemy,
rapporteur de la commission , pressé par les interpella-
tions de M. le marquis de Boissy, était allé beaucoup plus
loin.

» Comme tout individu, avait-il dit, peut, d'un instant
» à l'autre, devenir fabricant, mécanicien , etc., chacun
» a le droit de faire prononcer la nullité d'une chose qui
» n'est pas nouvelle , qui était la propriété de tout le
» monde, et qu'un seul a voulu s'approprier. »

Sur quoi M. le marquis de Boissy, se déclarant complètement satisfait de ces explications, a renoncé à un amendement ayant pour objet de remplacer ces mots : « *toute
personne ayant intérêt* , » par ceux-ci : « *les tiers et le ministère public.* »

Nous regrettons qu'une question si importante n'ait pas
été tranchée par la loi d'une manière plus absolue ; mais,
quoique différentes dans leurs termes, les explications qui
ont été données dans les deux Chambres, et que nous venons de rapporter, nous paraissent se résumer à ce point
que la preuve d'une pensée de malice ou de frauduleuse
spéculation devrait seule faire repousser une demande en
nullité ou en déchéance de brevet, qui serait fondée sur
les dispositions de la loi.

Art. 35. Si la demande est dirigée en même temps contre le titulaire du brevet et contre un ou plusieurs cessionnaires partiels, elle sera portée devant le Tribunal *du domicile du titulaire du brevet.*

Du domicile du titulaire du brevet. « Cette exception à l'article 59 du code de procédure civile est suffisamment motivée : le breveté transporte souvent ses droits à de nombreux cessionnaires pour différentes parties du royaume, et il serait trop rigoureux de le contraindre à aller défendre à l'action en nullité ou en déchéance, partout où se trouve un de ces cessionnaires. Toute action de cette nature est d'ailleurs dirigée contre lui plus que contre les autres défendeurs, dont il sera presque toujours le garant. » (Exposé des motifs, *Moniteur* du 13 janvier 1843.)

Art. 36. L'affaire sera instruite et jugée dans la forme prescrite pour les affaires sommaires par les articles 405 et suivants du code de procédure civile. Elle sera communiquée au procureur du roi.

« Les contestations relatives aux brevets d'invention,
» quoique soumises à la juridiction civile, ont, il faut le
» reconnaître, une très-grande analogie avec les ma-
» tières commerciales, pour lesquelles le législateur a dû
» établir une procédure abrégée, et elles réclament une
» décision d'autant plus prompte, que la jouissance ex-
» clusive qui fait l'objet du procès est temporaire, et que,
» dans le cas où l'action est préjudicielle à une poursuite
» en contrefaçon, elle sera souvent précédée de la saisie
» d'objets prétendus contrefaits.

» Quant à la communication au procureur du roi, elle

« est suffisamment motivée par la nature même de ces
» demandes, qui intéressent au plus haut point la liberté
» industrielle, et par la nécessité, pour ce magistrat,
» d'apprécier toutes les parties d'une affaire dont le ré-
» sultat peut lui ouvrir une action qu'il ne doit intenter
» qu'en parfaite connaissance de cause. » (Exposé des
motifs, *Moniteur* du 13 janvier 1843.)

Art. 37. Dans toute instance tendant à faire
prononcer la nullité ou la déchéance d'un brevet,
le ministère public pourra *se rendre partie inter-*
venante, et prendre des réquisitions pour faire
prononcer la nullité ou la déchéance absolue du
brevet.

Il pourra même se pourvoir directement par
action principale pour faire prononcer la nullité,
dans les cas prévus aux n⁰ˢ 2, 4 et 5 de l'article 30.

Se rendre partie intervenante. Nous avons vu, dans
l'article 34, que l'action en nullité ou en déchéance d'un
brevet pouvait être intentée par toute personne y ayant
intérêt. Mais, d'après les règles ordinaires du droit civil
sur l'autorité de la chose jugée, un jugement, en quelque
matière qu'il soit rendu, n'a d'effet qu'à l'égard des parties avec lesquelles il est intervenu, leurs héritiers ou
ayant-cause. De sorte qu'après que, sur les poursuites
d'une partie privée, un jugement aurait admis ou re-
poussé une action en déchéance, dès le lendemain, le
procès pourrait renaître avec des tiers, étrangers aux
premières poursuites, sans qu'aucune décision vienne jamais assurer au public ou au breveté la paisible jouissance de ses droits.

Fallait-il, pour éviter cet inconvénient, donner au ju-

gement force de chose jugée pour et contre les tiers ?
Mais alors auraient pu naître des actions collusoires intentées dans le but de procurer au breveté un facile succès, et de le mettre ainsi à l'abri des demandes en déchéance ou en nullité les mieux fondées.

La faculté laissée au ministère public d'intervenir au
débat, et d'y prendre des réquisitions pour faire prononcer la nullité ou la déchéance *absolue* du brevet, remédie
aux premiers de ces inconvénients sans entraîner les se-
conds. Ce qui sera jugé avec le ministère public sera jugé
pour ou contre tous, en même temps que le caractère du
magistrat donnera à la société une garantie contre ces
collusions dont nous parlions tout-à-l'heure.

Par action principale. Si l'invention n'était pas susceptible d'être brevetée ; si elle était reconnue contraire à
l'ordre ou à la sûreté publique, aux bonnes mœurs ou aux
lois du royaume ; si le titre sous lequel le brevet aurait été
demandé indiquait frauduleusement un objet autre que le
véritable objet de l'invention, le ministère public ne serait pas obligé d'attendre, pour agir, qu'un débat privé
eût amené le breveté devant la justice ; il devrait, dans
l'intérêt de la société, se pourvoir directement par action
principale pour faire annuler un brevet dangereux pour
l'ordre ou frauduleusement obtenu.

Art. 38. Dans les cas prévus par l'article 37,
tous les ayant-droit au brevet, dont les titres auront été enregistrés au ministère de l'agriculture
et du commerce, conformément à l'article 21,
devront être mis en cause.

L'action du ministère public tendant toujours à l'anéan-
tissement du brevet, il est juste et nécessaire qu'il mette
en cause tous les ayant-droit à ce titre. (Exposé des
motifs.)

Art. 39. Lorsque la nullité ou la déchéance absolue d'un brevet aura été prononcée par jugement ou arrêt ayant acquis force de chose jugée, il en sera donné avis au ministre de l'agriculture et du commerce, et la nullité ou la déchéance sera publiée dans la forme déterminée par l'article 14 pour la proclamation des brevets.

L'annulation ou la déchéance d'un brevet profite au public; il faut bien qu'il soit averti quand une industrie, dont un seul avait le monopole, rentre dans son domaine.

TITRE V.

DE LA CONTREFAÇON, DES POURSUITES ET DES PEINES.

Art. 40. Toute atteinte portée aux droits du breveté, soit par la fabrication de produits, soit par l'emploi de moyens faisant l'objet de son brevet, constitue le délit de contrefaçon.

Ce délit sera puni d'*une amende de* 100 *fr. à* 2,000 *fr.*

Cet article avait été adopté par la Chambre des Députés sans discussion; mais, lorsqu'on en vint à l'article 43, qui punit la récidive par l'emprisonnement, on comprit ce qu'avait de grave une pareille peine appliquée à un délit que le fait matériel d'une atteinte portée aux droits d'un breveté suffit pour caractériser. Un membre, M. Crémieux, demanda que le mot *frauduleuse* fût ajouté dans l'article 40 au mot *atteinte*; mais l'article était voté, et il n'était plus possible d'y faire des changements. Un autre membre, M. Bethmont, interpella le rapporteur de la commission de déclarer si, du moment où l'atteinte portée au

brevet était définie par la loi *un délit*, il n'allait pas de droit
qu'il faudrait pour le constituer qu'il y eût intention frauduleuse. Sur cela, le rapporteur, M. Philippe Dupin, a fait
observer que ce qu'on lui demandait était une véritable
consultation, mais qu'encore que la Chambre ne fût pas
trop le lieu de répondre à de pareilles questions, il ne re-
fuserait pas de le faire.

« La règle générale suivie jusqu'à ce jour, dit-il, est qu'en
matière de contrefaçon, la contrefaçon existe par cela
seul qu'on reproduit une invention protégée par un brevet.

» Toutefois, la loi qui a porté les questions de contrefaçon devant les Tribunaux Correctionnels, et, par consé-
quent, les a érigées en délit, a opéré un remarquable changement. Jusqu'alors il n'y avait qu'un procès civil, maintenant le procès se complique : il est à-la fois civil et
correctionnel ; en telle sorte qu'il y a deux ordres de débats portés devant le Tribunal Correctionnel.

» Il y a d'abord l'intérêt civil, qui ne peut être en souf-
france. Ainsi, par cela seul qu'on a fabriqué, par cela seul
qu'on a vendu une chose protégée par un brevet, on doit
être condamné, vis-à-vis de la partie civile, à toutes les
réparations qui lui sont dues.

» A côté il y encore l'action pénale, la punition du délit,
et c'est ici qu'un accusé, qu'un prévenu pourra, pour l'application de la peine, appeler à son secours tous les moyens
de défense qui protègent ceux qui sont accusés ; c'est alors
qu'il pourra invoquer la bonne foi, le défaut d'intention
coupable, et toutes les circonstances qui seront de nature
à atténuer sa faute et à prouver, s'il est possible, qu'elle
ne renferme pas les éléments constitutifs du délit. Cela
conduira, sinon à un acquittement complet, du moins à
l'atténuation de la peine. Car la loi veut qu'on puisse faire
application de l'article 463 du code pénal, qui permet
d'atténuer la peine, de la ramener à une simple condamnation pécuniaire et d'affranchir de l'emprisonnement.

C'est là tout ce qu'on peut demander et tout ce qu'a voulu la loi. »

Ces explications provoquèrent de vives réclamations de la part de plusieurs membres. M. Bethmont demanda si l'on pouvait prétendre que, lorsqu'on allait devant un Tribunal de police correctionnelle, comme partie civile, porter son intérêt civil, on avait droit à une condamnation, par cela seul que cet intérêt civil avait été lésé.

« Il faut, ajouta-t-il, quand une partie civile, qui peut le faire, saisit un Tribunal Correctionnel, que ce Tribunal soit compétent à raison de l'intention frauduleuse de celui qu'on présente comme délinquant ; or, quand on se trompe sur l'intention frauduleuse, on doit perdre son procès au Tribunal de Police Correctionnelle, sauf à le recommencer devant les Tribunaux Civils. »

MM. Aylies et Crémieux présentèrent des observations dans le même sens, et ce dernier proposa même sur l'article 43, qui était alors en discussion, un amendement ainsi conçu :

« La récidive ne doit être déclarée que si le deuxième jugement reconnaît qu'il y a eu fraude dans le fait dont le contrefacteur est reconnu ou déclaré coupable. »

Mais cet amendement ne fut point appuyé (voir le *Moniteur* du 17 avril 1844), et, lorsque la loi fut renvoyée à la Chambre des Pairs, qui l'adopta sans discussion, M. le marquis de Barthélemy, rapporteur, à propos de l'article 49, qui autorise les Tribunaux Correctionnels à prononcer, en cas d'acquittement, la confiscation des objets contrefaits, et même des dommages-intérêts, au profit du breveté, s'exprima en ces termes :

« Nous pensons, Messieurs, que ces Tribunaux ne pourront faire l'application de cette disposition que dans les cas prévus par l'article 41, c'est-à-dire lorsqu'il est nécessaire que l'inculpé ait agi sciemment pour être con-

damné ; car, dans le cas énoncé dans l'article 40 , le délit
de contrefaçon existant indépendamment de toute circons-
tance frauduleuse , le fait matériel suffit pour qu'il y ait
condamnation. La Chambre remarquera qu'il doit en être
ainsi ; car l'industriel , avant d'appliquer son industrie à
des objets nouveaux , doit rechercher si ces objets n'ont
pas été déjà brevetés.

» Toutefois , si la loi n'admet point que des questions
d'intention puissent être soulevées pour effacer le délit de
contrefaçon, ces questions peuvent être prises en grande
considération pour influer sur le plus ou moins de gravité
de la peine, peine qui peut être réduite à l'amende la plus
faible, le projet autorisant l'application de l'article 463 du
code pénal. »

L'autorité du noble pair dont nous venons de citer les
paroles sera sans doute d'un grand poids devant les Tribunaux , lorsque s'y présentera l'importante question qui
n'a pu trouver de solution dans la Chambre des Députés.

Nous nous permettrons , toutefois , de dire qu'il nous
paraît y avoir quelque chose de trop absolu dans cette
opinion que des questions d'intention ne pourront jamais
être soulevées pour effacer le délit de contrefaçon.

Sans doute , de même que nul n'est censé ignorer la
loi, nul ne sera censé ignorer les droits des brevetés , et
bien peu de cas se présenteront où l'auteur de la contrefaçon pourra prouver qu'il n'a pu profiter des sages mesures prises par la loi pour lui faire connaître ces droits ;
mais si, enfin, un cas se présentait où il demeurât constant,
pour les juges, que la bonne foi du prévenu a été complète
et son ignorance invincible, seraient-ils rigoureusement
contraints à prononcer une peine, même une peine tem-
pérée par les dispositions de l'article 463 du code pénal ?
Nous ne pouvons le penser , et, quant à l'article 49 que
l'on a cité, il nous paraît fournir, en faveur de notre opinion, un argument décisif, car il suppose l'acquittement

du contrefacteur tout aussi bien que celui du recéleur, introducteur ou débitant.

Toutes ces questions, au surplus, seront toujours dominées par le pouvoir discrétionnaire des Tribunaux, et la discussion de la Chambre des Députés a été close par cette observation de M. Isambert que, dans toutes les matières spéciales, il y avait une latitude plus grande accordée aux Tribunaux à raison même de la spécialité, et que, d'après la jurisprudence, ils restaient toujours les maîtres de déclarer si la contravention existait ou n'existait pas.

D'une amende de 100 à 2,000 fr. Sans préjudice bien entendu des dommages-intérêts, souvent beaucoup plus considérables, qui pourront être dus au breveté. (Voir article 49.)

Cette amende de 100 à 2,000 fr. est celle que l'article 427 du code pénal applique à la contrefaçon artistique ou littéraire.

Art. 41. Ceux qui auront *sciemment* recélé, vendu ou exposé en vente, ou introduit sur le territoire français un ou plusieurs objets contrefaits, seront punis *des mêmes peines* que les contrefacteurs.

Sciemment. Ainsi, l'exception de bonne foi pourra toujours être présentée par les recéleurs, vendeurs ou introducteurs d'objets contrefaits.

Ils ne pourront être condamnés qu'autant qu'il sera prouvé contre eux qu'ils avaient connaissance de la contrefaçon.

Les mêmes principes seraient-ils applicables au cessionnaire d'une machine contrefaite qui aurait ignoré la contrefaçon ?

La Cour de Rouen a jugé l'affirmative par un arrêt du 4

mars 1841, et avec raison suivant nous; car le cessionnaire ne pourrait être poursuivi que comme complice de la contrefaçon, et le caractère essentiel de la complicité c'est la connaissance du délit.

Des mêmes peines que les contrefacteurs. D'après l'article 427 du code pénal, que nous avons cité sous l'article précédent, la peine contre le débitant n'est que de 25 fr. au moins et de 500 fr. au plus.

Art. 42. Les peines établies par la présente loi ne pourront être cumulées.

La peine la plus forte sera seule prononcée pour tous les faits antérieurs au premier acte de poursuite.

Cet article ne fait qu'ériger en disposition législative un point qui était déjà consacré par la jurisprudence de la Cour de Cassation.

Le cumul des peines est interdit d'une manière générale en matière criminelle par l'article 365 du code d'instruction criminelle.

Cette prohibition est fondée sur ce qu'il est injuste et inutile de faire peser plusieurs peines sur un prévenu pour des infractions commises avant qu'il ait reçu le solennel avertissement d'une première condamnation.

Art. 43. Dans le cas de récidive, il sera prononcé, outre l'amende portée aux deux articles précédens, *un emprisonnement d'un mois à six mois.*

Il y a récidive lorsqu'il a été rendu contre le prévenu, dans les cinq années antérieures, une première condamnation *pour un des délits prévus par la présente loi.*

Un emprisonnement d'un mois à six mois pourra aussi être prononcé, si le contrefacteur est un ouvrier ou un employé ayant travaillé dans les ateliers ou dans l'établissement du breveté, ou si le contrefacteur, s'étant associé avec un ouvrier ou un employé du breveté, a eu connaissance, par ce dernier, des procédés décrits au brevet.

Dans ce dernier cas, l'ouvrier ou l'employé pourra être poursuivi comme complice.

Un emprisonnement d'un mois à six mois. (Voir nos explications sur l'article 40.)

Pour un des délits prévus par la présente loi. Il ne sera pas nécessaire, pour qu'il y ait récidive dans le sens de cet article, que les deux contrefaçons aient été faites de la même invention ou au préjudice du même brevet. Cela a été bien expliqué par le rapporteur de la commission à la Chambre des Députés. (*Moniteur* du 17 avril 1844.)

Art. 44. L'article 463 du code pénal pourra être appliqué aux délits prévus par les dispositions qui précèdent.

L'article 463 du code pénal contient les dispositions suivantes :

« ...... Dans tous les cas où la peine de l'emprisonne-
» ment et celle de l'amende sont prononcées par le code
» pénal, si les circonstances paraissent atténuantes, les
» Tribunaux Correctionnels sont autorisés, même en cas
» de récidive, à réduire l'emprisonnement même au-des-
» sous de six jours, et l'amende même au-dessous de
» 16 fr.; ils pourront aussi prononcer séparément l'une
» ou l'autre de ces peines, et même substituer l'amende

» à l'emprisonnement , sans qu'en aucun cas elle puisse
» être au-dessous des peines de simple police. »

Les peines de police les plus faibles sont un jour de
prison et 1 fr. d'amende. (Art. 465 et 466 du code pénal.)

Art. 45. L'action correctionnelle pour l'application des peines ci-dessus ne pourra être exercée par le ministère public que sur la plainte de la partie lésée.

« Dans le silence de la partie lésée , on peut penser
« qu'elle a consenti , soit expressément , soit tacitement ,
« aux actes contraires à ses droits exclusifs. » (Exposé des
motifs.)

Art. 46. Le Tribunal Correctionnel, saisi d'une action pour délit de contrefaçon , statuera sur les exceptions qui seraient tirées par le prévenu , soit de la nullité ou de la déchéance du brevet , soit des questions relatives à la propriété dudit brevet.

Sous l'empire des lois de 1791, les actions en nullité ou
en déchéance de brevet étaient, comme elles le sont
encore aujourd'hui , portées devant les Tribunaux Civils
de première instance ; mais les juges-de-paix connais-
saient des actions en contrefaçon , et, en vertu du principe
général qui veut que le juge de l'action soit aussi le juge
de l'exception, ils se trouvaient presque toujours incidemment appelés à prononcer sur des questions de nullité ou
de déchéance, car c'est, le plus souvent, en prétendant la
nullité ou la déchéance du brevet qu'on lui oppose, que se
défend le prévenu de contrefaçon.

La loi du 25 mai 1838 sur les justices-de-paix leur en-
leva cette attribution et décida , art. 20 , qu'à l'avenir les

actions concernant les brevets d'invention seraient portées, « s'il s'agissait de nullité ou déchéance de brevets,
» devant les Tribunaux Civils de première instance, et,
» s'il s'agissait de contrefaçon, devant les Tribunaux Cor-
» rectionnels. »

Cette disposition donna naissance, dans la pratique, à
de graves abus.

Le contrefacteur, traduit devant le Tribunal Correctionnel, ne manquait jamais de contester les droits du breveté. Alors le Tribunal Correctionnel surseyait à statuer
jusqu'à ce que les Tribunaux Civils se fussent prononcés
sur la question de déchéance ou de nullité soulevée par
la défense du prévenu. Là, incidents sur incidents,
expertise et souvent contre-expertise, puis appel, puis
pourvoi en cassation, et, tandis que le breveté épuisait
ses ressources dans ce procès, le contrefacteur trouvait moyen de se maintenir quelquefois pendant toute la
durée du brevet dans la jouissance de l'industrie privilégiée dont il s'était indûment emparé.

C'est pour remédier à ces inconvénients que l'article
qui nous occupe autorise les Tribunaux Correctionnels,
saisis d'une action en contrefaçon, à juger les exceptions
tirées soit de la nullité ou de la déchéance des brevets,
soit des questions relatives à leur propriété.

Afin d'atteindre ce but d'une manière plus complète encore, un député, M. Delespaul, avait proposé à l'article 46 un paragraphe additionnel ainsi conçu :

« Le Tribunal statuera de même sur les demandes en
» nullité ou en déchéance qui auraient été portées par le
» prévenu devant la juridiction civile depuis l'introduc-
» tion de l'instance en contrefaçon. »

Cet amendement ne fut point appuyé, quoiqu'il eût été
puissamment motivé et par son auteur et par M. Théo-
dore Regnault, avocat, qui, dans des observations im-
primées qu'il soumit à la Chambre, cita l'exemple du

procès de la dorure Elkington, lequel, commencé en septembre 1839, est encore aujourd'hui pendant devant le Tribunal Correctionnel de Paris.

La Chambre craignit, sans doute, de consacrer une interversion de l'ordre des juridictions que n'aurait plus couvert le principe suivant lequel le juge de l'action est juge de l'exception ; mais on sait que l'article 182 du code forestier a consacré un principe fécond en heureuses conséquences, et dont la jurisprudence a, depuis, étendu l'application à toutes les matières du droit.

C'est ce principe qui rend les juges devant lesquels une exception préjudicielle est élevée appréciateurs du mérite de cette exception, et leur donne le droit de refuser le sursis qui leur est demandé, s'il leur paraît que ce sursis n'a pour objet que de faire gagner du temps à celui qui le réclame.

Le judicieux rapporteur de la commission de la Chambre des Pairs qui, après le rejet par la Chambre des Députés de l'amendement de M. Delespaul, avait été sollicité de le soumettre à la Chambre haute, s'exprima à cette occasion dans les termes suivants :

» La jurisprudence fondée sur l'article 182 du code forestier, dit-il, pourra, ou plutôt devra toujours servir » de règle aux Tribunaux.

» Saisi du jugement du délit en contrefaçon, le Tribunal » Correctionnel, auquel l'article 46 du projet de loi confère le droit de juger les exceptions tirées, soit de la » nullité, soit de la déchéance, soit de la propriété du » brevet, le Tribunal Correctionnel, disons-nous, aura à » apprécier les circonstances de la cause, suivant que de » ces circonstances résultera le plus ou moins de bonne » foi des parties : ou il accordera le sursis en fixant un » délai raisonnable pendant lequel l'action civile sera » jugée, ou il refusera le sursis demandé, s'il voit que ce » sursis n'est qu'un prétexte pour échapper aux disposi-

» tions dudit article 46, et pour reproduire ce circuit d'ac-
» tions, ce double procès que le législateur a voulu éviter.

« C'est ainsi, nous l'espérons du moins, que l'on échap-
» pera dans la pratique aux inconvénients que vous avez
» voulu prévenir, et que l'on paraît encore redouter. Nous
» nous confions à cet égard, et sans réserve, à la sagesse,
» à la prudence et au discernement des juges.

Art. 47. *Les propriétaires de brevet* pourront, en vertu d'une ordonnance du président du Tribunal de première instance, faire procéder, par tous huissiers, à la désignation et description détaillées, *avec ou sans saisie*, des objets prétendus contrefaits.

L'ordonnance sera rendue sur simple requête et sur la représentation du brevet ; elle contiendra, s'il y a lieu, la nomination d'un expert pour aider l'huissier dans sa description.

Lorsqu'il y aura lieu à la saisie, ladite ordonnance pourra imposer au requérant un cautionnement qu'il sera tenu de consigner avant d'y faire procéder. *Le cautionnement sera toujours imposé à l'étranger* breveté qui requerra la saisie.

Il sera laissé copie, au détenteur des objets décrits ou saisis, tant de l'ordonnance que de l'acte constatant le dépôt du cautionnement, le cas échéant ; le tout à peine de nullité et de dommages-intérêts contre l'huissier.

Les propriétaires de brevet. Cette expression comprend naturellement les *cessionnaires partiels* ; car le cessionnaire qui a acheté le droit d'exploiter un brevet en est devenu propriétaire.

Avec ou sans saisie. La partie lésée a le choix de procéder par voie de saisie ou par voie de simple description, si elle croit cette dernière mesure suffisante pour la constatation des faits et la conservation de ses droits.

Qu'il y ait ou n'y ait pas saisie, la constatation doit s'effectuer, non-seulement chez le fabricant des objets prétendus contrefaits, mais chez tous les marchands et dépositaires de ces objets, lors même qu'il y aurait bonne foi de leur part et qu'ils ignoreraient la contrefaçon.

Le cautionnement sera toujours imposé à l'étranger. Le droit de pouvoir en vertu d'une simple ordonnance du président du Tribunal, et par cela seul qu'on est propriétaire d'un titre qui a été délivré sans aucun examen préalable, requérir la saisie des objets prétendus contrefaits, est véritablement un droit exorbitant ; car la saisie peut s'appliquer à-la-fois à un grand nombre de fabricants et paralyser simultanément bien des industries. Il ne fallait pas que des étrangers, après avoir usé du bienfait de la loi qui les admet à prendre un brevet, pussent en abuser pour exercer des poursuites inconsidérées, puis se soustraire par la fuite à une condamnation de dommages-intérêts justement méritée.

Art. 48. A défaut par le requérant de s'être pourvu, soit par la voie civile, soit par la voie correctionnelle, dans le délai de huitaine, outre un jour par trois myriamètres de distance entre le lieu où se trouvent les objets saisis ou décrits et le domicile du contrefacteur, introducteur ou débitant, la saisie ou description sera nulle de plein droit, *sans préjudice des dommages-intérêts* qui pourront être réclamés, *s'il y a lieu*, dans la forme prescrite par l'article 36.

Sans préjudice des dommages-intérêts. De s actes si rigoureux, et la saisie surtout, peuvent porter un grave préjudice à la personne chez laquelle on les opère. Si donc on les a faits méchamment, ou seulement légèrement et sans cause, en sorte qu'on n'ose pas y donner suite, on est tenu de réparer, conformément au droit commun, le dommage qu'on a pu causer par sa faute.

S'il y a lieu. Suivant l'article 13 de la loi du 7 janvier 1791, dans le cas où la dénonciation pour contrefaçon se trouvait dénuée de preuve, l'inventeur devait toujours être condamné à des dommages-intérêts. La loi actuelle laisse aux juges, comme en toute autre matière, l'appréciation des torts qu'a pu avoir le plaignant

Disons toutefois qu'il arrivera bien rarement que, dans le cas de l'article qui nous occupe, il n'y ait pas lieu à prononcer des dommages-intérêts.

Art. 49. *La confiscation des objets reconnus contrefaits*, et, le cas échéant, celle des instruments ou ustensiles destinés spécialement à leur fabrication, seront, *même en cas d'acquittement*, prononcées contre le contrefacteur, l'introducteur ou le débitant.

Les objets confisqués seront *remis au propriétaire du brevet*, sans préjudice de plus amples dommages-intérêts et de l'affiche du jugement, s'il y a lieu.

La confiscation des objets reconnus contrefaits. Si les objets contrefaits sont réunis à des objets non contrefaits dont ils soient inséparables, la confiscation du tout doit être prononcée. C'est ce qui a été jugé par arrêt de Cassation du 2 mai 1822, pour des mîtres de cheminées auxquelles on avait adapté un larmier destiné à empêcher la filtration des eaux pluviales. Le larmier seul était contrefait, les mîtres ont été confisquées. Un autre arrêt de la même Cour, du 31 décembre 1822, a été rendu à l'occasion d'un procédé breveté pour l'apprêt des nankins. L'apprêt seul était l'objet de la contrefaçon, les tissus ont été saisis. (Voir ces deux arrêts au Recueil alphabétique de M. Dalloz, t. 2, p. 263.)

Même en cas d'acquittement. Ne pas prononcer la confiscation, même en cas d'acquittement, c'eût été autoriser la vente d'objets contrefaits. En d'autres termes, c'eût été autoriser la contrefaçon.

Remis au propriétaire du brevet. M. le comte Siméon demandait, par amendement, à la Chambre des Pairs, que les objets contrefaits, au lieu d'être remis au propriétaire, fussent détruits, et cet amendement était appuyé par M. le vicomte Dubouchage, sur cette considération que les objets confisqués pouvaient avoir été contrefaits à l'étranger.

L'amendement a été rejeté ; mais, malgré ce rejet, nous ne pensons pas que des objets qui auraient été contrefaits à l'étranger puissent être remis au propriétaire du brevet. Le motif qui a dicté le troisième paragraphe de l'article 32 recevrait ici son application.

De plus amples dommages-intérêts , s'il y a lieu. Ainsi , même en cas d'acquittement du prévenu , des dommages-intérêts peuvent être accordés au plaignant. C'est un droit que les articles 358 et 359 du code d'instruction criminelle accordent aux cours d'assises , mais qui , dans le droit commun , n'appartient pas aux Tribunaux Correctionnels. (Voir les articles 427 et 429 du code pénal , relatifs à la contrefaçon artistique et littéraire. — Voir aussi nos observations sur l'article 40 de la présente loi.)

TITRE VI.

DISPOSITIONS PARTICULIÈRES ET TRANSITOIRES.

Art. 50. Des ordonnances royales *portant réglement d'administration publique* arrêteront les dispositions nécessaires pour l'exécution de la présente loi, qui n'aura effet que trois mois après sa promulgation.

Portant réglement d'administration publique. Une ordonnance royale portant réglement d'administration publique est une ordonnance délibérée en assemblée générale du Conseil d'Etat, tous les comités réunis.

Art. 51. Des ordonnances rendues dans la même forme pourront régler l'application de la présente loi dans les colonies, avec les modifications qui seront jugées nécessaires.

Art 52. Seront abrogées, à compter du jour où la présente loi sera devenue exécutoire, les lois des 7 janvier et 25 mai 1791, celle du 20 septembre 1792, l'arrêté du 17 vendémiaire an VII, l'arrêté du 5 vendémiaire an IX, les décrets des 25 novembre 1806 et 25 janvier 1807, et toutes dispositions antérieures à la présente loi, relatives aux brevets d'invention, d'importation et de perfectionnement.

La loi du 7 janvier 1791 était relative aux découvertes utiles et aux moyens d'en assurer la propriété à leurs auteurs ; celle du 25 mai de la même année portait réglement sur la propriété des auteurs d'inventions et découvertes en tout genre d'industrie. Le décret du 20 septembre

1792 portait suppression des brevets d'invention délivrés pour les établissements de finances ; l'arrêté du 17 vendémiaire an VII (8 octobre 1798) fixait le mode de publication des procédés brevetés ; l'arrêté des consuls du 5 vendémiaire an IX (27 septembre 1800) était relatif à la signature, à la délivrance et à la promulgation des brevets ; le décret du 25 vendémiaire 1806 abrogeait la disposition de l'article 14, titre 2 de la loi du 25 mai 1791, en ce qui concernait la défense d'exploiter les brevets par action , et enfin celui du 25 janvier 1807 portait que les années de jouissance d'un brevet commençaient à courir du jour de la signature du certificat de demande, et la priorité , de celui du dépôt des pièces à la préfecture.

Après avoir résumé et codifié la législation sur la matière, la loi actuelle prononce l'abrogation complète et absolue de toutes les lois antérieures , ce qui, dans la pratique, devra tarir la source de bien des discussions.

Art. 53. Les brevets d'invention , d'importation et de perfectionnement actuellement en exercice, délivrés conformément aux lois antérieures à la présente , ou prorogés par ordonnance royale , conserveront leurs effets pendant tout le temps qui aura été assigné à leur durée.

Un député, M. Delespaul , avait proposé sur cet article un paragraphe additionnel ainsi conçu :

« Toutefois, les possesseurs de ces brevets ne pourront , sous les peines énoncées en l'article 33 de la présente loi , mentionner leur qualité de brevetés ou leur brevet, sans y ajouter les mots : « Sans garantie du Gouvernement. »

M. Delespaul a retiré cet amendement , sur l'observation

qui lui a été faite, par le rapporteur et par le préopinant, que la disposition de l'article 33 était une loi de police qui saisissait au moment où elle était rendue, et qui serait appliquée à l'avenir aussi bien pour les brevets délivrés sous l'empire de la loi de 1791 , que pour ceux délivrés sous l'empire de la présente loi.

Art. 54. Les procédures commencées avant la promulgation de la présente loi seront mises à fin , conformément aux lois antérieures.

Toute action , soit en contrefaçon, soit en nullité ou déchéance de brevet , non encore intentée, sera suivie conformément aux dispositions de la présente loi , alors même qu'il s'agirait de brevets antérieurement délivrés.

[illegible] [illegible] [illegible] [illegible] [illegible] [illegible]
[illegible] [illegible] [illegible] [illegible] [illegible] [illegible]
[illegible] [illegible] [illegible] [illegible] [illegible] [illegible]
[illegible] [illegible] [illegible] [illegible] [illegible] [illegible]
[illegible] [illegible] [illegible] [illegible] [illegible] [illegible]
[illegible] [illegible] [illegible] [illegible] [illegible]

[illegible] [illegible] [illegible] [illegible] [illegible] [illegible]
[illegible] [illegible] [illegible] [illegible] [illegible] [illegible]
[illegible] [illegible] [illegible] [illegible] [illegible] [illegible]
[illegible] [illegible] [illegible] [illegible] [illegible] [illegible]
[illegible] [illegible] [illegible] [illegible] [illegible] [illegible]
[illegible] [illegible] [illegible] [illegible] [illegible]

EXPOSÉ SOMMAIRE

DE LA

LÉGISLATION ANGLAISE

SUR LA MATIÈRE

DES BREVETS D'INVENTION

OU PATENTES [1].

§ Ier. — DISPOSITIONS GÉNÉRALES [2].

1. — D'après le statut de Jacques Ier, la couronne peut accorder des lettres-patentes de droits exclusifs pour toute espèce de nouvelles manufactures [3].

[1] Telle est la fréquence de nos rapports industriels avec l'Angleterre, qu'il est peu de découvertes un peu importantes qui ne soient exploitées en même temps des deux côtés de la Manche.

Sans prétendre dispenser les inventeurs qui veulent se faire patenter en Angleterre de l'assistance et des lumières d'un jurisconsulte du pays, nous avons cru être agréable à nos lecteurs en mettant sous leurs yeux cet aperçu d'une législation qui, d'ailleurs, aura toujours pour nous ce motif d'intérêt qu'elle a servi de base à la nôtre.

[2] Nous avons suivi, autant que possible, dans cet exposé, l'ordre et les divisions de la loi du 5 juillet 1844, afin de rendre plus faciles les rapprochements entre cette loi et la législation britannique.

[3] ... *Any manner of new manufactures.* (Act 21. James, 1. c. 3, 5, 6.)

Cette expression *manufactures* a donné lieu dans la jurisprudence anglaise à de nombreux commentaires. Elle exclut évidemment ce qui ne serait qu'un principe purement philosophique et abstrait, et exige quelque chose de corporel qui puisse être produit par l'art et l'habileté de l'homme, ou qui soit un nouveau moyen d'employer d'une manière pratique et utile cet art et cette habileté.

Un auteur moderne [1] a résumé ainsi les différents cas dans lesquels des patentes ont été accordées en Angleterre :

1º Pour une nouvelle combinaison d'organes mécaniques ou d'instruments par lesquels une nouvelle mécanique est produite, encore que chaque partie, prise séparément, soit ancienne et bien connue ;

2º Pour un perfectionnement sur une machine déjà connue, à l'aide duquel cette machine est rendue capable de fonctionner d'une manière plus avantageuse ;

3º Pour une nouvelle substance vénale (*vendible*) produite par un procédé chimique ou mécanique ;

4º Pour un nouveau moyen de perfectionner une substance déjà connue ;

5º Pour l'application de substances ou de matières déjà connues à un nouvel usage.

Dans tous les cas qui précèdent, ajoute le même auteur, il y avait un résultat de l'art, et, par consé-

---

[1] William Carpmael, *the Law of Patents.*

quent, dans le sens du statut de Jacques Ier, *une manufacture* [1].

II. — La durée d'une patente est de quatorze ans, à partir du jour où elle a été revêtue du grand sceau de l'Etat, à la cour de chancellerie [2].

III. — Il n'y a point, en Angleterre comme en France, une taxe unique à payer pour la concession d'une patente ; mais les nombreuses formalités relatives à la demande et à l'expédition de ce titre donnent lieu à la perception d'une multitude de droits différents, et dont la totalité forme une somme considérable.

Une patente prise pour l'Angleterre, et comprenant le pays de Galles et la ville de Berwick sur la Tweed, coûte 108 liv. sterl. 2 sh. 2 d. (2,594 fr. 50 c.)

Cette somme est augmentée de 7 liv. 7 sh. 6 d. (176 fr. 70 c.), si la patente comprend les colonies ou les îles.

Une patente prise pour l'Ecosse coûte 79 liv. 15 sh. 11 d. (1,915 fr. 05 c.), et une patente pour l'Irlande 130 liv. 12 sh. 6 d. (3,139 fr. 50 c.).

Ces droits sont augmentés si la patente est prise par plusieurs intéressés, et il faut y ajouter le prix de la spécification, qui dépend de la longueur de cet acte et

[1] Voir, pour la concordance, les articles 1, 2 et 3 de la loi du 5 juillet 1844.

[2] Voir, pour la concordance, les articles 4 et 8 de la loi du 5 juillet 1844.

des plans, modèles et dessins dont il est accompagné [1].

§ II. — DES FORMALITÉS RELATIVES A LA DÉLIVRANCE DES PATENTES.

Du Caveat.

IV. — L'inventeur qui est dans l'intention de prendre une patente, mais qui veut se donner le temps de mûrir son invention, dépose ordinairement, entre les mains de l'attorney-général ou du solliciteur-général, un *caveat*, c'est-à-dire un acte par lequel il fait connaître le titre de sa découverte, et requiert que si une patente est demandée pour une invention analogue à la sienne, il lui en soit donné avis.

Cet acte ne donne à l'inventeur aucun droit de priorité ou de préférence pour son invention.

Seulement, il empêche qu'un autre ne puisse, à son préjudice, prendre sur lui les devants pour la même découverte.

S'il est demandé une patente pour une invention analogue à celle qui est sommairement décrite dans le *caveat*, l'auteur du *caveat* en est informé sur le champ, et il est tenu de déclarer, dans les sept jours, s'il s'oppose à la demande.

S'il y a opposition, l'attorney ou le solliciteur-général mande les parties à jour indiqué, les entend séparément, se fait expliquer par chacune d'elles les

[1] Voir, pour la concordance, l'article 4 de la loi du 5 juillet 1844.

détails de son invention, et quand il les a ainsi entendues toutes deux, en arrière l'une de l'autre, il décide s'il y a ou s'il n'y a pas similitude dans les découvertes. Si elles sont dissemblables, la patente peut être accordée sans inconvénient à chacune des parties ; mais, si elles sont pareilles, ou les parties s'entendent pour prendre ensemble une même patente, ou il n'en est accordé ni à l'une ni à l'autre.

Ces *caveat* sont fort usités, parce que les patentes coûtent si cher, qu'avant d'en faire la dépense les inventeurs sont bien aises d'avoir le plus de temps possible pour éprouver et perfectionner leurs découvertes.

Un *caveat* coûte une guinée, et dure une année. Il peut être renouvelé [1].

Des Demandes de Patentes.

V. — Quiconque veut obtenir une patente, présente à la reine une pétition dans laquelle il expose qu'il est le premier et véritable auteur d'une découverte qui, à sa connaissance, n'a jamais été pratiquée par personne, et il appuie cette pétition par une *déclaration* (ou, comme nous dirions en France, une *affirmation*) faite entre les mains d'un **maître** en chancellerie [2].

Dans sa déclaration, ainsi que dans sa pétition,

[1] L'opposition que fait l'auteur d'un *caveat* à la délivrance d'une patente lui coûte 12 liv. st. (300 fr.), qu'il est tenu de consigner avant de comparaître devant l'attorney-général.

[2] Il est à remarquer que cette déclaration ou affirmation exige la présence de l'impétrant en Angleterre.

l'impétrant a soin de faire connaître s'il entend comprendre dans la patente les îles et les colonies.

Il doit déclarer également si son intention est de prendre aussi des patentes pour l'Ecosse et pour l'Irlande [1].

VI. — Mais ce qui exige surtout de sa part une grande attention, c'est le titre que, dans ces deux actes, il lui faut donner à son invention.

Comme la priorité de sa découverte ne datera pas du jour où il aura fait la demande de la patente, mais du jour où cette patente, après avoir été accordée et signée par la reine, sera scellée en chancellerie du grand sceau de l'Etat, il ne faudrait pas que le titre de l'invention pût mettre un étranger sur la voie d'en connaître les moyens. Et, d'un autre côté, cependant, comme c'est sur ce titre que la patente sera délivrée, et que les porteurs de *caveat* seront mis en demeure d'y faire opposition, il importe qu'il soit très-exact. La patente serait d'ailleurs annulée, si la spécification que doit plus tard fournir l'inventeur se trouvait en désaccord avec le titre qu'il aurait primitivement donné à son invention.

La loi anglaise est très-sévère sur ce point, et les auteurs citent l'exemple de lord Cochrane, qui, ayant perfectionné une lampe, avait donné pour titre à son invention : « Perfectionnement d'un mode

[1] La même patente ne peut comprendre les trois royaumes qui composent la Grande-Bretagne. Il faut un titre séparé pour chacun d'eux ; mais ces titres s'obtiennent de la même manière et sont régis par les mêmes lois. (Voir, pour la concordance, les articles 5 et suivants de la loi du 5 juillet 1844.

d'éclairage pour les cités, les villes et les villages. »
La lampe était décrite dans la spécification comme
pouvant être employée pour des phares, dans des
ports, sur des navires, etc. On a décidé que la spécification ne s'accordait pas avec le titre, et on a annulé la patente.

VII. — Autrefois, le titre de l'invention, une fois
inséré dans le *caveat*, la pétition ou la déclaration,
ne pouvait recevoir ultérieurement aucune modification. Mais, depuis une loi rendue en 1835 [1], le
patenté peut, avec l'autorisation de l'attorney ou du
solliciteur-général, corriger par un *memorandum*
les expressions qui seraient vicieuses dans son titre ou
dans sa spécification. Il peut aussi, au moyen d'un
autre acte appelé *disclaimer*, renoncer, soit à une
partie du titre qu'il avait donné à son invention, si
la spécification dont nous parlerons plus tard n'a pas
encore été enregistrée, soit même, si elle l'a été, à
une partie tant du titre que de la spécification, mais
toujours sans préjudice des droits pouvant résulter,
pour les tiers, des actions en déchéance qu'ils auraient intentées avant ces retranchements.

Si donc, après l'obtention d'une patente, on s'a-
percevait que quelques uns des éléments de l'invention étaient antérieurement connus, il faudrait s'em-
presser de renoncer à ceux-là, afin de conserver,
pour les autres, les effets du privilége [2].

---

[1] *Lord Brougham's Act*, 5 and 6. William IV, c. 83.

[2] Il est à observer que si, à l'aide d'un *disclaimer*, on peut

De la Délivrance des Patentes.

VII. — La pétition adressée à la reine est par elle référée à l'attorney ou au solliciteur-général, lequel fait à Sa Majesté un rapport dont les termes sont toujours les mêmes, et dont la formule est imprimée dans tous les livres anglais sur la matière.

Dans ce rapport, l'attorney ou le solliciteur-général atteste que la déclaration a été faite conformément à la pétition, et, en considération de ce que la patente doit être accordée à l'impétrant, à ses risques et périls (*at the hazard of the petitionner*), c'est-à-dire sans aucune garantie du mérite ou de la nouveauté de sa découverte, il conclut à ce qu'il soit fait droit à la pétition. La reine adresse alors à l'attorney ou au solliciteur-général un ordre (*a warrant*) pour qu'il ait à préparer le bill qu'elle doit signer.

Ce bill, qui est la patente, est enfin délivré à l'impétrant.

C'est un acte fort long, écrit en anglais [1], d'un seul côté, sur une grande feuille de parchemin, et contenant, dans un style très-prolixe, une foule de clauses dont quelques-unes seulement méritent d'être remarquées.

VIII. — La patente relate d'abord le titre de l'invention ; elle accorde ensuite à l'inventeur, pour lui, ses héritiers ou ayant-cause, le droit exclusif de

retrancher quelque chose à un titre ou à une spécification on n'y peut jamais rien ajouter.

[1] Les patentes écossaises sont écrites en latin.

faire, employer, exercer et vendre (*make*, *use*, *exercise and vend*) son invention pendant quatorze années sur la partie du territoire pour laquelle ce droit a été demandé. Puis, elle prévient le patenté que, si son invention paraissait, plus tard, contraire aux lois, au bon ordre, ou à la sécurité du royaume, comme aussi si elle se trouvait n'être pas nouvelle, ou encore si la propriété en était répartie entre plus de douze personnes, son privilége lui serait retiré.

Enfin, la patente prescrit au patenté de faire enregistrer, dans un délai qu'elle détermine, la spécification de ses procédés, signée de sa main et scellée de son sceau.

IX. — La patente, ainsi délivrée, est présentée à la cour de la chancellerie, où elle est revêtue du grand sceau de l'état [1], qui lui donne sa véritable authenticité.

C'est à partir du jour de l'apposition de ce grand sceau que la priorité est acquise à l'invention, que commence à courir le laps de temps pour lequel le privilége est accordé, et que court aussi le délai fixé pour l'enregistrement de la spécification.

X. — Ce délai est de deux, quatre ou six mois, à la volonté de l'attorney ou solliciteur-général. Il est ordinairement de deux mois seulement, si la patente n'est prise que pour l'Angleterre ; de quatre mois, si

---

[1] Ce grand sceau est imprimé sur un large gâteau de résine attaché par des cordons de soie au parchemin sur lequel la patente est écrite.

elle doit être prise pour l'Angleterre et pour l'Ecosse, et enfin de six mois, si elle doit l'être pour l'Angleterre, pour l'Ecosse et pour l'Irlande.

XI. — Trois points doivent être soigneusement observés dans la rédaction d'une spécification :

1° Il faut qu'elle soit assez claire pour qu'un ouvrier ou tout autre à ce connaissant puisse la réaliser, en suivant les procédés qu'elle décrit ;

2° Il faut que l'invention appelée nouvelle n'embrasse rien de plus ni rien de moins que ce qui est indiqué par le titre contenu dans la patente ;

3° Enfin, l'invention doit être utile et nouvelle dans toutes ses parties. Elle doit avoir le patenté pour auteur, ou, ce qui en Angleterre est la même chose, pour premier importateur [1].

XII. — La durée des patentes ne pouvait, autrefois, être prolongée que par un acte du parlement, ce qui entraînait des frais considérables. Depuis *l'act* de lord Brougham, de 1835, la couronne peut, avec l'avis du comité judiciaire du conseil privé, prolonger de sept années le terme de quatorze ans, toujours primitivement fixé par l'acte de concession.

Ce n'est, toutefois, que dans des cas fort rares, lorsque l'inventeur a fait, pour mettre son invention en œuvre, des dépenses considérables dont il n'a pas eu le temps d'être indemnisé, ou bien lorsque de mauvais procès, qui lui ont été faits, ont paralysé

[1] Voir, pour la concordance, les articles 9, 10 et 11 de la loi du 5 juillet 1844.

l'exercice de ses droits, que la faveur d'une prolongation peut lui être ainsi accordée [*].

§ III. — ADDITIONS ET PERFECTIONNEMENTS.

XIII. — Les certificats d'addition ne sont pas connus dans la législation anglaise. Pour tout nouveau perfectionnement, il faut prendre une nouvelle patente, qui coûte autant que la patente primitive.

Voilà pourquoi la loi permet au patenté de ne faire enregistrer sa spécification que plusieurs mois après l'obtention de sa patente. Mais si un nouveau perfectionnement trouvé ne rentre pas dans les termes du titre primitivement donné à l'invention, la patente ne pourra s'étendre à lui.

Cela fait apercevoir, pour la rédaction du titre, une difficulté de plus.

Il faut que ce titre s'applique à l'invention telle qu'elle est au moment où on le dépose, et aussi telle qu'elle pourra devenir par suite des perfectionnements que son auteur prévoit pouvoir lui donner avant l'enregistrement de la spécification.

XIV. — En Angleterre comme en France, les perfectionnements apportés à une invention déjà patentée ne peuvent nuire aux droits exclusifs de l'auteur de cette invention ; comme, de son côté, celui-ci ne peut rien faire contre les droits de l'auteur patenté du perfectionnement. Ou bien, si la chose est possible, chacun exploite séparément, l'un

---

[*] Voir, pour la concordance, l'article 15 de la loi de 1844.

son invention, l'autre son perfectionnement ; ou bien ils s'associent pour exploiter ensemble l'invention perfectionnée [1].

§ IV. — TRANSMISSION ET CONCESSION DES PATENTES.

XV. — Il faut avoir soin, dans les transmissions et cessions de patentes, que la propriété ne s'en trouve jamais divisée entre plus de douze personnes, car nous avons vu que, d'après une clause très-formelle de l'acte de concession, la patente pourrait alors être annulée.

Cette disposition, qui, avant 1832, était beaucoup plus sévère, puisqu'elle limitait à cinq le nombre des personnes qui pouvaient être intéressées dans une patente, a été prise en conformité d'un acte de Georges Ier, rendu contre les sociétés d'actionnaires.

Encore aujourd'hui, une société composée de plus de douze actionnaires ne pourrait être propriétaire d'une patente sans une autorisation du Parlement, ce qui ne s'obtient qu'à grands frais [2] et après un examen très-approfondi.

Il est toutefois à remarquer que les héritiers ou intéressés d'un associé, ainsi que ses syndics, s'il est

[1] Voir, pour la concordance, l'article 19 de la loi du 5 juillet 1844.

[2] Les frais de toute nature, relatifs à l'obtention d'un acte de Parlement pour un intérêt privé, ne sont presque jamais moins de 800 liv. st. (20,000 fr.) Perpigna, *Manuel des Inventeurs et Brevetés*, p. 59.

en faillite, ne comptent que pour la personne qu'ils représentent.

Il faut remarquer aussi que la prohibition dont nous venons de parler ne s'applique qu'aux concessions qui seraient faites de la propriété même de la patente, et qu'elle n'empêche pas le patenté d'accorder des permissions d'exploiter, même des permissions exclusives, dans telle forme et à tel nombre de personnes que bon lui semble.

§ V. — DE LA COMMUNICATION ET PUBLICITÉ DES SPÉCIFICATIONS

XVI. — Les spécifications sont, après leur enregistrement, conservées dans des registres, lesquels sont toujours ouverts au public, dans un bureau à ce consacré, où chacun peut venir les consulter et même en prendre des copies.

On peut aussi connaître dans ce bureau la date des patentes octroyées, et ces recherches, rendues ainsi promptes et faciles, n'entraînent aucun frais [2].

§ VI. — DES DROITS DES ÉTRANGERS.

XVII. — Les étrangers peuvent obtenir des patentes en Angleterre, de la même manière et dans les mêmes formes que les indigènes [3].

[1] Ce bureau est situé dans Old-Square, Lincoln's Inn, n° 4.

[2] Voir, pour la concordance, les articles 27 et suivants de la loi du 5 juillet 1844.

[3] Voir, pour la concordance, les articles 27 et 28 de la loi du 5 juillet 1844.

XVIII. — Tant qu'une invention n'a pas été exploitée en Angleterre, le fût-elle depuis long-temps dans un autre pays, le fût-elle même en Écosse et en Irlande [1], elle est réputée nouvelle par la législation anglaise, et elle peut être valablement patentée en Angleterre ; car la jurisprudence de ce pays a pour système de considérer, à cet égard, comme non avenu tout ce qui s'est passé hors du royaume [2].

Seulement, dans sa pétition à la reine et dans sa déclaration en chancellerie, l'impétrant, au lieu de se dire auteur de la découverte ou du perfectionnement qu'il veut faire patenter, doit reconnaître que cette invention lui a été communiquée par un étranger résidant hors du territoire de la Grande-Bretagne ; mais, à cette différence près, la patente sera délivrée dans la même forme, et produira les mêmes effets que si elle avait pour objet une invention entièrement nouvelle [3].

§ VII. — DES NULLITÉS ET DÉCHÉANCES.

XIX. — Une patente peut être déclarée nulle (void) :

1° Si l'invention n'est pas nouvelle, c'est-à-dire s'il est prouvé qu'avant la patente elle était déjà connue et exploitée dans le royaume ;

[1] Réciproquement une invention déjà exploitée en Angleterre peut être patentée pour l'Écosse et pour l'Irlande.

[2] Renouard, *Traité des Brevets d'Invention*.

[3] Voir, pour la concordance, l'article 29 de la loi du 5 juillet 1844.

2° Si les déclarations faites dans la pétition manquent d'exactitude ; si, par exemple, le patenté, qui n'était qu'importateur, s'est dit premier inventeur ;

3° Si le titre donné à l'invention n'est pas exact et ne s'accorde pas avec la spécification qui, plus tard, en est faite ;

4° S'il y a insuffisance, obscurité ou ambiguïté dans la spécification ; sauf, ainsi que nous l'avons vu plus haut, n° VII, le droit qu'a le patenté, dans ces deux derniers cas, de rectifier, par un *memorandum* ou un *disclaimer*, soit son titre seulement, soit à-la-fois son titre et sa spécification ;

5° Si la spécification n'a pas été enregistrée dans le délai prescrit ;

6° Enfin, si la propriété du privilége se trouve divisée entre plus de douze personnes [1].

§ VIII. — DES ACTIONS EN NULLITÉ OU EN DÉCHÉANCE.

XX. — Dès qu'une patente est demandée, ceux dont elle léserait les intérêts peuvent faire opposition à sa délivrance.

Outre les droits résultant du *caveat* dont nous avons parlé sous le n° 4, d'autres *caveat* peuvent être pris, soit après le rapport de l'attorney ou solliciteur-général, lorsque le bill est préparé pour recevoir la signature royale, soit même lorsqu'il est

---

[1] Voir, pour la concordance, les articles 30 et suivants de la loi du 5 juillet 1844.

revêtu de cette signature, et qu'il n'a plus à recevoir que l'apposition du sceau de l'Etat.

Dans le premier cas, l'opposition est portée devant l'attorney ou solliciteur-général, au bureau duquel l'opposant doit préalablement consigner une somme de 50 liv. st. (750 fr.) pour faire face aux frais de l'audition des parties [1]. Dans le deuxième cas, c'est au bureau de la chancellerie que l'opposition doit être portée; mais là, il est rare que l'on réussisse, et le chancelier, qui est juge des dépens, les met ordinairement à la charge de l'opposant.

XXI. — Que l'on ait ou que l'on n'ait pas pris contre une patente la voie des oppositions, on peut toujours, lorsqu'elle est délivrée, l'attaquer par une action principale en déchéance devant la Cour du Banc de la reine, si mieux on n'aime provoquer, par une atteinte portée aux droits prétendus du patenté, une plainte de sa part qui, comme nous le verrons dans le paragraphe suivant, donne lieu à une discussion juridique sur la validité de son titre.

XXII. — Les actions en déchéance devant la Cour du Banc de la reine peuvent être intentées par tous ceux qui croient y avoir intérêt. A cet effet, on présente à la reine une pétition, et on obtient d'elle ce qu'on appelle un *writt of scire facias*, c'est-à-dire un ordre en vertu duquel on peut faire entendre des témoins. L'action est poursuivie au nom de la reine,

---

[1] Le surplus de cette somme est remis à l'opposant s'il réussit, et, s'il succombe, sert à payer d'autres droits.

mais aux risques et périls de celui qui l'a intentée, et qui en supporte les frais s'il succombe.

XXIII. — Dans le cas où, par suite de cette action, la patente serait annulée, sa nullité serait absolue et radicale ; mais, d'après l'*act* de lord Brougham [1], il resterait une ressource au patenté : ce serait de solliciter de la gracieuseté de la reine la faveur d'une nouvelle patente, et s'il apparaissait qu'à raison du peu de publicité qu'aurait reçue l'invention, le pétitionnaire avait pu, avec bonne foi, s'en croire le premier auteur, cette nouvelle patente pourrait, sur l'avis du conseil privé, lui être octroyée.

§ IX. — DE LA CONTREFAÇON, DES POURSUITES ET DES PEINES.

Il faut distinguer, dans la législation anglaise, deux sortes de contrefaçons.

Ce que les Anglais appellent proprement contrefaçon (*conterfeiting*) est le fait de celui qui, dans ses annonces ou ses produits, cherche à imiter les marques ou estampilles d'un patenté, et qui, dans cette intention, y insère ces mots : « patenté, patenté par la reine, » ou autres mots semblables. Celui-là est puni, d'après l'*act* de lord Brougham, d'une amende de 50 liv. st. (1,250 fr.), dont moitié pour la reine et moitié pour le plaignant.

XXV. — Toute autre atteinte aux droits du patenté, et notamment ce que nous appelons, nous,

[1] Cinquième et sixième années du règne de Guillaume IV

contrefaçon, c'est-à-dire l'emploi des moyens, la fabrication, vente ou introduction des produits qui sont l'objet du brevet, porte dans les lois anglaises le nom de « *infringement of patent*, » c'est-à-dire infraction, contravention à la patente.

Ces infractions sont très-communes en Angleterre, parce que, les spécifications donnant souvent prise à la critique, ceux qui y ont intérêt espèrent que, si le patenté se plaint, ils parviendront à faite annuler sa patente. Aussi voit-on, dès qu'une patente est prise pour une invention de quelqu'importance, une foule de gens se faire délivrer des copies de la spécification, et courir chez les hommes de loi, qui s'occupent exclusivement de ce genre d'affaires [1], pour les consulter sur les moyens d'attaquer le privilége qui entrave leur industrie.

XXVI. — Le patenté qui veut obtenir justice d'un *infringement* a deux voies ouvertes devant lui.

Il peut actionner le contrefacteur en dommages-intérêts devant les cours de justice ordinaires (*courts of laws*), ou, s'il est moins pressé d'obtenir des indemnités que de faire cesser la contrefaçon, il peut obtenir à la Cour de Chancellerie une injonction au

---

[1] On voit écrit sur beaucoup de portes, dans le quartier de la Chancellerie : *Patent Office*, Bureau de Patentes. Ces bureaux sont tenus par des hommes de loi qui n'ont aucun caractère officiel, mais qui font leur unique occupation de diriger les industriels dans les nombreuses démarches que nécessite l'obtention d'une patente, et de rédiger pour eux des titres de patente et des spécifications.

moyen de laquelle il arrête d'une manière plus immédiate les atteintes portées à ses droits.

XXVII. — S'il choisit la première voie, il se présente devant un jury, armé de sa patente et de sa spécification; là, un débat s'engage, et, le plus souvent, le défendeur cherche à attaquer la patente par tous les moyens propres à la faire déclarer nulle (*void*) [1].

Si, dans cette lutte, le patenté succombe, son brevet ne sera pas pour cela annulé d'une manière absolue, mais seulement au respect de celui qui aura gagné le procès; et encore celui-là même pourra être poursuivi en cas de nouveaux *infringements*, s'il n'a dû son succès qu'au vice de la spécification, et si, à l'aide d'un *memorandum* ou d'un *disclaimer*, conformément à ce que nous avons exposé au n° VII, le patenté a pris soin de faire rectifier cet acte.

Si le patenté réussit à faire prévaloir la validité de sa patente, le juge lui donnera un certificat en vertu duquel il fera condamner à de triples dommages-intérêts ceux qui, dans la suite, y porteraient atteinte.

XXVIII. — La voie de l'injonction est plus souvent choisie, comme mettant plus promptement à couvert les droits du patenté.

---

[1] Depuis l'*act* de lord Brougham, le défendeur ne peut plus agir par voie de *general issue*, c'est-à-dire qu'il est obligé de faire connaître à l'avance au plaignant les divers points sur lesquels doit porter son attaque.

Celui-ci présente à la Cour de la Chancellerie une requête à l'appui de laquelle il produit sa patente et sa spécification, ainsi que des *affidavit*, c'est-à-dire des déclarations faites par lui, sous la foi du serment, dans lesquelles il atteste qu'il est le véritable auteur ou importateur de l'invention, que sa spécification a été enregistrée dans le délai prescrit, que la contrefaçon est flagrante, etc...

Sur cette requête, et en l'absence de la personne accusée de contrefaçon, le chancelier peut, s'il le juge convenable, adresser à celle-ci l'injonction de cesser la fabrication, l'usage ou la vente des objets prétendus contrefaits.

C'est une sorte de provision accordée au patenté dont les droits sont apparents et qui est en possession d'un titre.

Si, pour échapper aux conséquences de l'injonction, le prévenu demande à prouver que la spécification du patenté est vicieuse, ou que sa patente est nulle, le chancelier entend les deux parties, et, suivant l'opinion qu'il se fait des droits respectifs de chacune d'elles, maintient l'injonction ou renvoie aux Tribunaux du droit commun une question de validité de patente qui sort des limites de sa compétence.

CONCLUSION.

Telle est, en aperçu, cette législation qui, depuis le règne de Jacques Iᵉʳ, a régi l'industrieuse Angleterre, et sous l'empire de laquelle sont nées dans ce pays de si admirables découvertes.

Si ses principes ont été féconds en heureuses conséquences, et si nos lois s'en sont inspirées, il faut convenir qu'aujourd'hui nous n'avons rien à lui envier.

Sans même parler de son excessive fiscalité, qui rend les patentes inaccessibles aux petites fortunes, et livre les fruits du travail de l'ouvrier en proie à la spéculation et à l'agiotage, combien de tracasseries et de dangers ne sème-t-elle point sous le pas des inventeurs?

A peine le titre d'une invention a-t-il été écrit dans un *caveat* ou dans une pétition, que l'on voit des gens, appartenant à la branche d'industrie que cette invention concerne, mettre tout en œuvre pour en surprendre les secrets.

Ils espionnent l'inventeur, tâchent de corrompre ses ouvriers, et, s'ils ne parviennent pas à connaître ses procédés d'une manière certaine, cherchent au moins à les deviner.

L'inventeur porteur d'un *caveat* peut, il est vrai, faire des oppositions, mais ces oppositions sont ruineuses.

Comme il ne connaît, d'ailleurs, que par leur titre, les inventions pour lesquelles d'autres patentes sont demandées, c'est en aveugle qu'il les forme. S'il succombe, il en est pour ses frais; s'il réussit, il lui faut partager avec d'autres les bénéfices d'une découverte dont souvent il a eu seul la première idée.

Mais ce n'est pas tout. Il n'est pas, pour ainsi dire, comme nous l'avons dit ailleurs, d'inventions qui apportent en naissant toutes les perfections qu'elles peuvent recevoir de leur auteur. L'homme, doué du génie de l'invention, perfectionne toujours ses œuvres, et, souvent, à peine a-t-il formé la demande d'une patente, que la découverte qui en est l'objet reçoit dans ses mains fécondes des améliorations qui en modifient, si elles n'en changent entièrement la nature.

Le titre que, dans le principe, il aura donné à son invention, sera pour lui le cercle de Popilius ; il n'en pourra franchir les limites. Et quand, plusieurs mois après l'obtention de sa patente, il aura à produire une spécification de sa découverte, il faudra de toute nécessité que cette spécification se renferme dans des bornes peut-être depuis bien long-temps dépassées.

Remarquons, enfin, que ce système, dont tout le mécanisme repose sur l'accord à établir entre le titre et la spécification, a pour fâcheuses conséquences de faire dépendre la validité de la patente d'une question de rédaction, et de livrer ainsi au hasard des interprétations et à l'argutie des légistes des intérêts qui devraient toujours être protégés par la bonne foi, cette ame de l'industrie aussi bien que du commerce.

Sans doute, les actes de Guillaume IV et de la reine Victoria ont apporté au statut de Jacques Ier d'heureux amendements dans l'intérêt des inventeurs.

Mais l'industrie n'aura-t-elle jamais à souffrir de l'arbitraire avec lequel un acte du pouvoir royal

peut aujourd'hui prolonger une patente au-delà de
son terme légal, et même relever un patenté d'une
déchéance encourue pour défaut de nouveauté de sa
prétendue découverte ?

Il en est, à nos yeux, de ce point de la législation
anglaise comme de beaucoup d'autres, que nous exal-
terions bien moins si nous les connaissions davantage.

TABLE

DES DIVISIONS DE L'OUVRAGE.

TABLE ALPHABÉTIQUE

DES MATIÈRES.

A.

L.

M.

N.

O.

P.

R.

S.

V.

FIN.